工作中的朱在龙

2006 年 9 月,景兴纸业举行新股发行网上路演

2006 年 9 月 15 日,景兴纸业在深圳证券交易所挂牌上市

2014 年 3 月 10 日,嘉兴市委秘书长孙贤龙前来调研,朱在龙陪同

2018 年 7 月,朱在龙代表景兴捐款建设张楼景兴希望小学

2019 年,景兴控股(马)有限公司与马来西亚金狮集团投资合作签约仪式。这也宣告景兴纸业正式进军海外市场

2023 年 12 月 1 日,朱在龙拜访马来西亚工业发展局(MIDA),与 MIDA 副总裁 Mr. SIVA 进行交流

2022 年 9 月 2 日，朱在龙与陈克复院士交流合影

本书作者在研究中发现朱在龙少有生活照。这是其中为数不多的一张——10
年前，摄于云南香格里拉

2023 年 12 月，朱在龙与本书作者合影

创。印迹 丛书

陈保中 主编

一生做好
一件事

陈保中 著

上海远东出版社

图书在版编目(CIP)数据

一生做好一件事/陈保中著. —上海：上海远东
出版社，2024. —(创·印迹). —ISBN 978 - 7 - 5476
- 2053 - 3

Ⅰ. K825.38

中国国家版本馆 CIP 数据核字第 20247EA437 号

责任编辑　程云琦
封面设计　李　廉

创·印迹　丛书

一生做好一件事

陈保中　著

出　　版　上海遠東出版社
　　　　　（201101　上海市闵行区号景路 159 弄 C 座）
发　　行　上海人民出版社发行中心
印　　刷　上海锦佳印刷有限公司
开　　本　635×965　1/16
印　　张　16.5
字　　数　200,000
版　　次　2024 年 10 月第 1 版
印　　次　2024 年 10 月第 1 次印刷
ISBN 978 - 7 - 5476 - 2053 - 3/K·206
定　　价　68.00 元

总　序

陈保中教授和我分享了这套名为"创·印迹"丛书选题的初衷,我深有感触。

20世纪80年代初,我国民营经济开始萌芽并快速发展。那是一个充满艰辛也充满激情的时代,江浙一带的民营经济大都从小作坊、小买卖起步。改革开放激发了社会活力,也催生了大批敢于尝试、勇于前行的探路者,他们没有本钱,唯有改变现状的强烈愿望和勇气。这些"农民企业家"中的很多人,从拓荒者逐渐成长为我国改革开放后第一代优秀民营企业家,成为行业的翘楚,为国家社会经济发展作出了巨大的贡献。

在创业过程中他们经历过各种挫折甚至失败,他们在磨难中倔强地成长。他们第一次来到"繁花"似锦大上海时的忐忑不安,他们经历过的种种窘迫和无助,甚至绝望,以及在转弯角处突然出现的惊喜和机会,他们赚到的第一笔钱,哪怕几元、几十元盈利,在他们遇到困难甚至落魄之际施以援手的那些"贵人",那些他们在奋斗中获得的各种荣誉与骄傲……时光荏苒,这些企业家如今大都已年逾花甲,但过往的一切,那些构成他们人生历程的每一个标记,是他们最自豪、最珍贵的记忆。这些记忆,也应该成为这个时代最珍贵的记忆。

改革开放是决定中国命运的关键抉择。东风吹来满眼春,潮起正是扬帆时。改革开放的大潮涌来,极大地改变了我们每一个人,也极大地改变了我国的面貌。高考、小岗村、联产承包、乡镇企业、农民企业家、经济特区、浦东开发开放、市场经济、企业改制等，是我们这个时代的集体记忆。在这里，每一个历史"印迹"都极大地改变了时代的命运，也改变了我们每一个人的命运。纵观改革开放发展历程，我国成功实现了从高度集中的计划经济体制到充满活力的社会主义市场经济体制、从封闭半封闭到全方位开放的伟大历史转折，生产力得到前所未有的大解放，综合国力显著增强，人民生活明显改善，国际影响力大幅提升，我们走出了一条在一个十几亿人口的发展中大国摆脱贫困、迈向富强的崭新道路。我们的民营企业家们无疑是这段历史最重要的亲历者、亲为者。在他们当中，有打拼成功的时代弄潮儿、历史幸运者，也有拼尽全力却没能成功，最后倒下的悲壮英雄。在我看来，他们都是成功者，他们都是历史的英雄。所有这些奋斗者的故事，汇成了这段伟大、激动人心的岁月，汇成了今天国家的繁荣昌盛。

这个伟大的时代值得被历史永远记住。对于这段跨世纪辉煌历史细节的挖掘、研究、记录、宣传，借以向广大读者传递昂扬向上的精神力量，无论对当下时代还是对这些企业家而言，都是极有意义的。过去较多读到的企业家访谈，属于富豪榜上的"财富访谈""名人访谈"，有的甚至直接被冠以"与成功者对话"。我们希望看到更多的对这一历史进程中的普通企业家的深度访谈，希望这些访谈更加注重挖掘历史进程中蕴含的精神力量及其普遍价值，注重其经验的典型性和可复制性。保中教授选择改革开放以来从他自己浸染熏陶的土地上走出来的那些普通的奋斗者，注重这些企业家作为普通人的特质，注重他们奋斗甚至挣扎的心路历程，他选择的角度、尺度具有一定的独特性。这样的努力是极有意义的，期待这些作品能为我们提供更多弥足珍贵的人生启示。同时，做好深度人物访谈绝非易事。好的访谈绝对不是"问"和"答"的简单工作，而是研究者和访谈对象之间的思想互动与碰撞。一个好的访谈录，需要研究者逻辑思维、归纳能力、文字和理论功力的支撑,需要研究者大量的感情投入,需要访谈团队大量时间和精力的投入。这套丛书,就是一种有勇气的尝试,值得点赞。

一代人的拼搏、进取,铸就了中国改革开放伟大时代无与伦比的灿烂和辉煌。这一代人的串串足印、时代精神,已经成为当今社会弥足珍贵、共同的精神财富。我期待这套丛书对于保存珍贵历史资料、弘扬主旋律、传播正能量,对于激发新时期全社会尤其是青年一代坚毅不拔、勇立潮头、奋发有为的精神状态发挥出应有的积极作用。

上海市经济学会会长

上海市全球城市研究院院长

2024 年 8 月 1 日

序

2022 年 10 月初,我专程拜访浙江景兴纸业股份有限公司(以下简称"景兴纸业")董事长朱在龙先生。我和他谈了我的一个打算:做一个类似城市记忆的系列性访谈,围绕企业家精神这一主线,以我国改革开放初期一代企业家不懈奋斗的曲折历程为重点,通过访谈、音视频等方式,呈现我们这一代人的奋斗史、创业史。我希望我们能以这样的成果,为 2028 年我国改革开放 50 周年献上一份厚礼。在龙听后,立即表示支持。他回应说,这项工作太有意义了,"至少,我的孙辈这一辈,会通过这样的作品更好地了解我们这一代人是怎么走过来的"。

有了在龙的支持,我感觉我的这个选题方向是"对路子"的。

回到上海后,我立即着手组织团队研究景兴纸业 40 年发展历程。我们研读了 300 多期《景兴报》,通过各种方式获取景兴纸业有关的大量视频、图片以及各种企业证书,包括荣誉证书、专利证书等档案资料。基于上千万字的文字资料,我们做了几十万字的阅读笔记。对我们来说,熟悉一个陌生的领域,研究一家企业 40 年的发展历程,令人兴奋但也非易事。我们投入大量精力,用了几个月的时间归纳、整理,不断形成、细化研究框架和研究主线,有序推进各项工作。我们在研究中发现,景兴纸业的发展历程极具典型性:它从乡镇企业起步,经历产能扩张、改制、上市、国际化战略等,每一步都能印证我国改革开放发展的坚实步伐。在这个发展过程中,朱在龙始终以包容开放、昂扬向上的精神姿态,带领他的团队,在企业经营管理、科技创新、人才队伍建设、企业文化建设、党的建设、社会责任等方面不断创新,成果卓著。

作为一项研究对象,景兴纸业和朱在龙是如此典型。我发现,我选择景兴纸业开始这个项目也是"对路子"的。

我们的研究成果不仅体现在这本访谈录中,也体现在相应的视频成果、"奋进景兴,景纸天下"(景兴纸业 40 年发展历程展厅)以及另行出版的一部反映景兴纸业发展历程的著作中。

本书导引部分来源于我前期阅读《景兴报》的体会。我将其放在本书的前面,是希望它能起到"梗概"作用,引导读者更好地理解后面访谈的具体内容。

要说明的是,访谈录通常采用"问""答"形式。大部分人物访谈,比较严格地按照事先设定的提纲去展开。在我看来,以预设的问题去做访谈,访谈效率高,但困难也更多一些,因为问题预设难免有很强的主观性。所以,我对朱在龙做的访谈,虽然也有一些"问"和"答",但更多采用的是交流和对话的方式。有一两次我也给了他几个简单的问题,他是没有时间去细看和预先准备的——事实上,他也不需要去做很多特别的准备,我只需稍微"点题",他便如数家珍。朱在龙是一位踏踏实实的行动者,也是一位积极的思考者;他是一位出色的企业家,富有战略思维能力,同时也是经营管理的战术高手,所以,访谈本身非常轻松。我们的访谈通常都约在周末,一杯茶便可以聊上半天。对我来说,这是愉快、放松的时间。我相信,对于他也是如此。

遗憾的是,由于朱在龙实在太忙,很难抽出大块的时间给我们,即便周末亦是如此。这一年多时间里,他回复我最多的短信是"不好意思,又出差了","这回又没有时间了"。因此,现在呈现在诸位读者面前的"访谈录"还不尽完善,特别是很多地方的细节挖掘还很不够,但对我来说已经弥足珍贵。当然,我相信,本书也已基本能够反映朱在龙作为一位优秀企业家的心路历程。

回望来时路,坚定前行路。

在改革开放壮阔进程中,有人退缩,有人颓唐,有人蜕变,有人则昂扬奋进、浴火重生。作为浙商优秀民企代表的朱在龙先生就是其中的佼佼者,勇立时代潮头的弄潮儿! 衷心希望本书的出版,有助于讲好我国企业家拼搏奋斗的生动故事,宣传好一代人不懈努力的精神风貌,特别是激励年轻一代在新时代发扬好老一代企业家筚路蓝缕、以启山林的精神,敢于担当、善于作为,努力为全面建设社会主义现代化国家建功立业。

2024 年 8 月 8 日

目　录

党建引领下的高质量发展

做有良心的企业

奋楫扬帆新征程

印象在龙

40 年栉风沐雨,河山换新颜,朱在龙从未松懈。40 年来,朱在龙带领公司上下以敢闯敢干的勇气和担当,以逢山开路、遇水架桥的开拓精神,不断自我加压,带领景兴纸业不断实现跨越式发展。

　　前行,只有进行时,没有完成时。中流击水,奋楫者进。时间是最伟大的书写者。站在 40 周年的时间节点上回望,景兴人更明白这样一个道理:唯改革者进,唯创新者强,唯坚守者胜。如今,景兴纸业在朱在龙带领下,依然乘风破浪,向着百年企业的目标勇毅前行。

　　自 1997 年 10 月创刊以来,浙江景兴纸业股份有限公司(以下简称"景兴纸业"或"景兴")的企业内部刊物《景兴报》已出版 300 多期。2023 年暑假,我拿到这沓厚厚的报纸,用了一个多月时间一期期认真翻阅。从第一版纵横论道的《景兴论坛》,到第四版《九里亭》员工撰写的各类文章,包括读书心得、生活感悟乃至旅游见闻等,我都未敢轻易略过,唯恐忽略了景兴纸兴发展中的一些重要信息。

　　已经很多年没有这样专注地读报了,于我而言,这是一个非常难得的机会,能够从一家企业的发展历程,去更好地观察我们国家波澜壮阔的改革开放发展史。

　　在阅读过程中,我常常惊讶于这些忙碌在造纸一线、精于技术的公司中高层干部和普通职工能有如此文采,能表达出如此深邃的思想观点。这是一个高规格的企业文化阵地。我想,景兴纸业文化的生长和繁盛,当是得益于董事长朱在龙(以下亦简称"朱董"或"在龙")有意无意的导引。印象中,在龙同学安静、有智慧,是一个深藏不露的思想者,其文章水平也常在同辈之上。不出所料,我在《景兴报》和其他报刊上先后读到他撰写的几十篇精彩文章,这些文章以流畅简练的文字表述了他的经营管理理念,也很通透地阐释了他的世界观、人生观、价值观。我有时会想:在改革开放的最初年代,如果他有机会继续读书,以他的悟性和天分,走读书成才的道路对他来说也完全不是难事。他应该并且也能成为一位非常出色的教授、某领域的出色专家,甚至可能是一位出色的作家——他总会以某种方式"发亮"。只是,时代替他做了另外一个恰到好处的选择,也给了他远比在书斋里面埋头读书更大的舞台和考验——成为一位搏击商海的企业家。

掩卷沉思，看时光流转，我们会感慨时代的选择能力、创造能力，是时代造就了朱在龙和景兴纸业。当然，从另外一个角度看，又何尝不是大批朱在龙这样的企业家们造就了时代？他们勇敢地拥抱这个伟大的时代，在奋斗中不断成长，以锲而不舍的努力，披荆斩棘的勇气，呕心沥血的付出，锻造了自己，也成就了这个时代的辉煌。

百舸争流，奋楫者先；千帆竞发，勇进者胜。朱在龙和景兴纸业的发展历程，是国家改革开放大踏步前进的一个缩影，正是无数的朱在龙们、景兴纸业们，构成了我国改革开放的宏伟图景。

一往无前的前驱力量

朱在龙如何把景兴纸业从一家濒临倒闭的乡办企业，打造成有影响力的上市公司？其间经历了哪些艰难曲折，付出了怎样的艰苦努力？这些疑问曾一度萦绕在我心头。读《景兴报》，做景兴人物访谈，做对朱在龙的深度专访……随着对其了解的不断深入，答案逐渐清晰——景兴纸业能有 40 年持续健康的发展绝非偶然，背后有其独特的精神特质和成功密码。

在我看来，一种强大的内驱力贯穿景兴纸业的全部发展历程，这是一种"朝前、朝前不停步"的不竭动力，一种"向上而生"的精神力量。景兴人将其概括为**"超越自我、挑战极限、追求卓越"**的景兴精神。在《景兴报》第一期的寄语中，朱在龙就提出景兴纸业不能简单靠资源整合立足世界，而应靠不断进取、开拓创新的"景兴精神"来创造辉煌。

心中有光，脚下有路，筚路蓝缕，执着前行！这也是我国改革开放时代企业家共同的精神特征。这一代企业家始终对未来充满期待，始终相信明天会更好，始终充满不断探索前行的澎湃动力——这种精神力量，源于他们对这个伟大时代的热爱，源于对这片生于斯长于斯土地的热爱,源于对生生不息生命的热爱;这种精神力量,也源于他们对国家、对社会、对企业和员工深深的社会责任。这种精神力量在朱在龙身上得到了最充分的体现。

"喜忧常在",是朱在龙对自己个性的评价。他有着强烈的危机意识、忧患意识,他时刻保持警醒,不断自我加压。

在我看来,居安思危来自企业家对市场规律的深深敬畏,是他们之所以成为企业家的一种特殊禀赋。也正是在危机感之下,景兴人永远保持着积极向上的昂扬斗志。即便在景兴纸业发展非常顺利甚至取得重大成就之时,朱在龙仍然能保持异乎寻常的冷静和警惕,"于安思危,于治忧乱"。朱在龙反复要求公司干部职工,必须冷静看待已经取得的成绩,正视风险挑战,以"归零心态"重新起航。他明白,得意忘形的企业和企业家走不远。

2000年5月,朱在龙在公司提出要"警惕顺境"。这是一篇很具有哲学思维高度的短文。他在文章中警告:虽然原纸价格一路上升,销售形势大好,让人高兴,但"也容易让人陶醉",特别容易让人放松品质要求、服务水平;他告诫公司干部职工,大市场变化规律大抵都是"好景不长",如果我们放松了品质,降低市场竞争力,市场"盛况"一过,便可能是一地鸡毛。他在《景兴报》撰文《人的观念何时落伍》,提醒公司上下要保持警醒,像一个前线的战士一样时刻警醒、努力向前。

朱在龙对企业发展环境时刻保持警觉并随时作出反应,这是一种积极的思维方式,也是一种积极的生存方式。正是在这种危机意识下,他带领团队"全员一杆枪",努力"变不可能为可能",劈波斩浪不断向前。他有一种基于危机感的前瞻能力、决断能力和行动能力,在此基础上形成了稳健的处世风格和领导风格,奠定了景兴纸业发展的重要基础。

朱在龙如履薄冰、如临深渊的危机感,几乎贯穿于景兴纸业发展历程中的每次重要会议。公司副总经理鲁富贵告诉我们:"他是自己逼自己,他的风险意识、忧患意识特别强,即使公司刚刚上市、发展很好的时候,他也会分析风险所在,几乎每年都会结合国内外的大事,先说宏观的,然后谈一些有利和不利的因素。"

20世纪末,在国家不断加大开放力度的背景下,朱在龙在1997年的干部会议上,告诫大家纸张的进口关税必将不断降低,外资投资力度必将不断加大,而国内环保政策必将逐步趋严,传统造纸企业将面临发展风险,提出"景兴纸业应主动参与国际化的竞争"。他是一位善于进行辩证思维、战略思维的企业家。

景兴纸业上市走过了艰辛的八年。其间,正逢证券市场的三次改革,股改申报材料繁复,又需要政府多方协调,公司发展需要易地规划建设,土地资源稀缺……在访谈中,平湖市原市长马邦伟①说:我还记得上市过程中有一次和在龙聊到上市过程之坎坷,在龙说"我走上了一条不归路"!

2006年,公司顺利上市后,大家都在庆贺,但在上市后的第一次公司会议上,朱在龙的讲话完全没有喜形于色,而是一如往常冷静地认真给大家分析公司经营中的短板和问题。他看到成绩,更看到问题和挑战,他看到的是成为公众公司后更多的责任和义务。他的那句名言——"没有什么比昨天的成功更加危险",很好地诠释了他的战略思维格局。

2008年10月,在全球金融危机爆发的背景下,公司分四批次召开景兴纸业危机形势管理会议。朱在龙认为:"由美国次贷危机引发的全球性金融危机愈演愈烈,全球经济明显减速。废纸、化工等原辅料以及能源价格波动异常,加之劳动力成本不断上升,给各造纸企业正常的生产经营带来了巨大的压力和风险。而且,当前的危机是史无前例的,其对实体经济的影响到底有多

---

① 2002年至2006年,马邦伟先后担任浙江省平湖市委副书记、代市长、市长。

深,目前还难以估量。"他要求每个人都要有危机意识,要有过"紧日子""苦日子"的思想准备,要开源节流,精益管理,减少支出,降低成本,提高质量,团结一心、顽强拼搏共渡难关。2009 年 8 月,在南京景兴召开的公司工作会议上,他要求全员继续树立永远如履薄冰、永远战战兢兢的应对危机的积极心态,准确把握行业动态信息,及时调整生产经营战略、战术,赢得健康发展。

2012 年初,朱在龙用了八个字总结 2011 年的得失:"喜忧常在,多灾多难。"

2017 年 11 月,朱在龙撰文《制高点下的危机意识》,再次强调"没有什么比昨天的成功更加危险","昨天的辉煌不见得就是今天的资本,今天的赢家也未必就是明天市场角逐中的王者"。直面现实,需要我们有突破性的想法并做好前瞻性的战略规划,"不要让鲜花掌声湮没了危机意识,不要让成绩数字掩盖了存在的问题"。

2020 年 1 月,朱在龙再次撰文,强调要在危机里主动出击,在困境中奋勇拼搏:"可怕的不是危机本身。重要的是在危机面前我们如何冷静沉着地思考分析,如何在危机里获得主动。"

强烈的危机意识能使员工们以主人翁的姿态,让公司保持源源不断的发展动力。

作为领军人物,朱在龙常常是各种潜在风险、挑战、压力的最先感知者,甚至也可能是唯一感受者。"我们不能'等、靠、要',必须马上行动起来。"他秉持的"喜忧常在,多灾多难"的心态,使景兴纸业在"求变图存""保持归零心态、直击发展短板"的警醒中不断谋得发展。

正是在应对危机挑战中,朱在龙作为公司的主心骨、领军人,以公司为家,呕心沥血,自我激励,不断进取。他以自己的实际行动,践行着景兴精神:超越自我,挑战极限、追求卓越。

正是在应对危机挑战中,他带领公司上下,探索现代企业管理方法,勇猛精进,向管理要效益,公司 7S、4R、TPM 精益管理等管理创新硕果累累。

正是在应对危机挑战中,他带领公司上下,一步一个脚印,凝心聚力谋发展,在大风大浪中主动出击、主动作为,在关键时刻敢于担当、科学决策、果敢决断,让景兴纸业一次次将一个个"不可能"变成为"可能"。从 2012 年的人均 700 多吨到现在的人均 1 300 多吨,公司产能水平不断提高,并向着人均 1 500 吨继续努力进发。

正是在应对危机挑战中,他带领公司上下,知人善任,不断强化公司干部队伍建设,不断提升员工业务素质、道德素质,努力打造一个生命力旺盛且有持续发展能力的现代企业。

正是在应对危机挑战中,他带领公司上下,不断加大对人才的培养力度,不断强化科技创新,不断调整循环经济发展模式,努力加快清洁生产步伐,有效降低各种污染物排放,同时抓好增产(提高产能,减少断纸)、降耗(水电汽及各项单耗)、降成本(维修、化工等)工作,使景兴纸业先后获得"全国轻工行业十强"、国家首批"资源节约型、环境友好型"试点企业、"中国包装龙头企业"、"中国包装优秀产业基地"、省级"绿色企业"等称号。在技术革新、科研能力提升方面,景兴纸业推动博士后和院士工作站建设,高规格建设企业研究院,拥有省级技能大师工作室"张小红造纸技能大师工作室",以及嘉兴市技能大师工作室"陆建新维修电工技能大师工作室"和"方瑞明机修钳工技能大师工作室"等。作为领军人物的朱在龙,曾获得中国杰出包装企业家、中国造纸产业发展卓越贡献奖、浙江省优秀企业家、浙江省劳动模范、嘉兴市"十大民企风云人物"、平湖功勋企业家等荣誉称号。

居安思危、求存图变,这也是我们国家改革开放取得历史性成就的一条基本经验。改革开放近半个世纪以来,我们国家不断在复杂的挑战中抓住机遇,善于在应对复杂局面和风险挑战中化危为机、赢得发展。危与机总是同生并存,克服了危即是机。景兴纸业的发展与时代同频共振——从这个意义上说,景兴纸业和朱在龙不啻为研究改革开放历史值得关注的典型个案。

勇立时代潮头的决断能力

朱在龙喜欢把企业比喻为一艘船——景兴纸业是一艘船,意蕴每个人都要与企业同发展、同成长,也要不停地面对世界市场经济的风云变幻,时时刻刻想到和看到沉船的危险——这是一艘"勇于在风浪中搏击前行的船"。

2015年1月,在《公司是船,我在船上》一文中朱在龙说:"船是满载而归还是触礁搁浅,取决于你是否与其他船员齐心协力、同舟共济。"

在我看来,"企业是船"的比喻至为妥帖,不单是因为"同舟共济"能很好地阐明公司上下团结一致的重要性,更是因为"船"非常好地诠释了这样一个宏大场景:掌舵人的危机意识、关键时刻的决断能力,对于企业在风高浪急的市场中能否获得持续发展至关重要。在大风大浪里,在龙掌舵的景兴纸业劈波向前。

决断力是一种快速判断事物发展趋势并给出科学决策的能力,它需要领导者具有准确的判断力,也需要领导者有承担决断后果的巨大勇气。一个拥有出色决断力的领导者,可以带领公司安然应对各种风高浪急的挑战。朱在龙既能善听各方建议,又有敏锐的嗅觉和迅捷反应的能力,能审时度势甚至力排众议做出决断。正如朱在龙所说:"机会不仅钟情于有准备的头脑,而且还钟情于准备过后的'迅速行动者'。"

在体制发展方面,景兴纸业改革的每一步都在努力朝前跨越:20世纪90年代中期集团公司成立,90年代末企业转制成功,21世纪初与莱织华和两家日本公司合作的股份有限公司成立,以及 2006 年公司上市等,都给公司带来了无穷的活力,这艘船在改革中劈波斩浪、不断向前。

在设备投资和技术改造方面,从第一台造纸机 PM1(PM 代表工业用纸机器,TM 代表生活用纸机器)投产一直到 20 世纪 90 年代初"3250 工程"项目的投产,从 2002 年 6 月投产的纸机 PM10、2004 年 12 月投产的 PM13、2007 年 7 月投产的 PM12、2010 年 5 月投产的 PM15 到 2014 年 7 月投产高档生活用纸生产线 TM3、2014 年 12 月投产高档生活用纸生产线 TM1、2015 年 5 月投产的 PM16、2015 年 5 月投产高档生活用纸生产线 TM2、2022 年 1 月投产高档生活用纸生产线 TM5,2022 年 6 月投产 TM6,从南京、重庆等国内项目投资到马来西亚项目的顺利投产……访谈中,平湖原市委书记孙贤龙①告诉我:"在龙不是一个很张扬的人,很低调,他致力于造纸业的研究,他跟我讲要瞄准世界前沿进行技术改造,说景兴原来设备的宽幅只有 1 200 mm、2 400 mm,必须要上一台新的 5 800 mm 设备,滚一圈就 5 800 mm,生产效率大大提高,幅度更宽,速度更快,纸的韧性、强度都大大提高。在这个方面的创新一直贯穿于景兴的 40 年全过程,特别是上市以后。"在龙的决断能力,串起了景兴纸业这些着实令人眼花缭乱、不断远行的发展历程。

朱在龙有这种立于时代潮头的洞察力、决断力,这是景兴纸业之幸。

——"3250 工程"。1989 年至 1999 年 10 年间,在龙主导公司共投资近亿元巨资用于 6 条造纸生产线扩建和配套的技术改造工程。1993 年的"3250"(2 400 mm 5 号机与 6 号机建设,预算投资 3 250 万元)造纸工程是其中一个重要转折点。公司前副董事长徐俊发告诉我们:"整个工程最后实际投入达到 5 850 万元。"

----

① 2004 年 12 月至 2008 年 7 月,孙贤龙担任浙江省平湖市委书记。

"在朱董领导下,我先后找过三十多家银行去谈融资的事情。""后来,在1996年和1997年公司又贷款1250万元,这些贷款我们都按期还掉,正是由于积累了良好的信誉,后来国家开发银行给了景兴2亿元贷款额度,为2000年10号机扩建奠定了基础。"

——10号纸机建设。10号纸机(PM10)建设是景兴纸业发展的重要里程碑,也是在龙果敢决策风格的典型代表。公司副总经理、财务总监盛晓英回忆说,造纸行业属于资本密集型行业,当时这台纸机需要近3亿元的投资,"PM10对资金的需求量很大,需要2亿多元的资金,这在当时是个天文数字。银行融资的成本很高,在8到9个点左右,而如果做融资租赁,可能十几个点都不够"。特别是,1998年的市场势头看上去并不是很好——原有10万吨产能的销量就不是很理想。很多人担心,这一步跨得是不是太大了。而朱在龙却看得更远。他做了一个重大决定:把他的个人股权转让给三家战略合作伙伴——上海茉织华股份有限公司、日本制纸株式会社以及日本纸张纸浆商事株式会社,把它们吸收为股东,引进资金和技术,成功化解了当时的资金难题。盛晓英说:"朱董能把握住轻重缓急,哪怕牺牲个人的一些利益,也要把公司做大做强。"

——投资莎普爱思。景兴纸业对莎普爱思的投资是一个非常经典的成功投资,也是朱在龙非常经典的智慧决断案例。2014年7月,景兴纸业投资参股公司——浙江莎普爱思药业股份有限公司股票正式在上海证券交易所上市,景兴纸业因此获得优厚的投资回报。在投资莎普爱思时,公司内外很多人因莎普爱思沿革太复杂、利润总额少而没有信心,朱在龙力排众议决定投资这个项目。公司副总经理姚洁青告诉我:"曾有保荐人告诉我,他很早就去看过这个项目,那时候的利润也就1000万元左右,过了十年,还是不超过2000万元,所以他一点都不看好。"为公司提供咨询的绝大多数券商都表示这家公司上市的可能性很小,而景兴纸业的股东们认为莎普爱思所在的眼药水行业产品品种单一,且产品不具备太强的竞争力,投资风险大,明确反对投资莎普爱思。朱在龙却敏锐地看到了莎普爱思发展的"趋势"和上市的"可能",看到了莎普爱思这十年的厚积薄发,看到了莎普爱思能量释放的前兆。他力排众议做出了决断。投资莎普爱思成为景兴纸业对外投资的耀眼一笔。徐俊发告诉我们:"为了这个投资,朱董与券商、律师以及姚洁青我们几个,经常讨论到凌晨四五点,收集各种渠道的信息进行分析,最后用莎普爱思毛利率高达92%,有丰厚的利润等数据说服了股东。"同时,这些数据也说服了相关部门,对这个项目上市给予了大力支持。

——马来西亚项目。2017 年以来,我国废纸进口相关政策陆续推出,废纸进口管控趋严,进口额度逐步缩减,国内原料价格维持高位,对公司的生产经营形成一定的压力。景兴纸业地处江浙沪中心地带,该区域工业用地供应紧张,政府对各项环保及节能降耗指标要求高,客观上已极大限制公司未来在区域内扩张的可能性。

朱在龙听取各方面意见和建议,审时度势,亲自参与东南亚投资项目的调研、比选,最后拍板在马来西亚西马东海岸雪兰莪州投资建设 80 万吨废纸浆板及 60 万吨包装原纸生产基地项目。该项目建成后所生产的以"美废"为原料的再生浆,将全部出口中国,主要用于满足公司自身生产所需,同时部分对外销售。朱在龙运筹帷幄,敢想、敢干、敢布局的独到战略眼光再一次得到体现。

在科学决策的背后,是朱在龙为"班长"的团队清晰的目标定位,以及视野开阔、审时度势、登高望远、不随波逐流的决策风格,对于投资项目尽管未必精准但一定"心中有数",绝不盲目。中信银行嘉兴分行原行长朱进这样评价:"景兴的投资不盲目。前一期投入产出了,为下一期投入打下基础,然后一期一期推进,产能就上去了，也更有能力去筹措更多资金。"景兴纸业也因此百尺竿头，不断实现自我超越。

当我们回望这一系列决策，不难看到循序渐进、水到渠成的良性循环。在龙无疑是决策高手。

经营战略中的"道"与"术"

"道"，是朱在龙倡导的景兴纸业、景兴人应该有的一种观念或信仰，也可以称之为景兴的"企业三观"。朱在龙有自己的管理之"道"，有他的管理理念、思想和哲学。在我看来，朱在龙是一位合格的管理哲学家，有大局意识，有战略眼光、战略思维。但是，他绝对不"空而论道"，而是拥有"以道驭术，以术载道，大道至简"的高超艺术。

朱在龙有非常智慧的选人之"道"。他一直强调，景兴纸业发展，人才是最宝贵的资源。景兴纸业的快速发展与在龙能够慧眼识人、善于纳贤、敢用敢培养密不可分。访谈中发现，干部们对此印象极为深刻。公司总经理助理钱晓东是在景兴纸业历史上第一次公开竞聘车间主任时上任的。"当时我才24岁，又是学机械专业的。在这么大的企业，车间主任这一重要岗位却招了一个非造纸专业出身的人去管理，显示出朱董的魄力。"这位高管感慨道。对于在一些机缘下发现的管理人才，在龙也以"三顾茅庐"的精神，真诚相邀。公司副总经理徐海伟回忆说，在南京项目建设时，"朱董在2005年的年初三一清早就给我打电话，非常真诚地邀请我加入景兴团队"。

在我看来，朱在龙这种大胆用人的背后，有他的逻辑和自信——他不仅看中这些干部的能力，也敏锐考察到这些干部符合景兴忠诚、担当的价值导向，善于"从小事中发现人才、辨别人才"。在 1998 年 1 月的《景兴报》头版，刊登了朱在龙题为《成功之路》的文章，强调：诚实、勤奋和聪敏是有益于人生的三大本钱；公司不欢迎事事计较、讨价还价甚至弄虚作假的精明的"聪明人"，企业欢迎有志气，能高瞻远瞩、勇挑重担、"吃得了亏"、胸襟开阔的员工。

朱在龙在文章中告诫公司管理者要"敢于选用比自己优秀的人"，这是一种掌舵者的气魄。他说："人各有所长，亦各有所短，只要能扬长避短，天下便无不可用之人。敢于让有才华、有抱负的人才挑大梁、担重担，承担具有挑战性、前沿性的工作，为他们的成长创造条件、营造环境、搭设舞台，使他们尽快在自己的岗位上做出成绩，干出一番事业。"

《易经》有言："同声相应，同气相求。""三观正"的在龙，聚拢团结了一大批同样"三观正"的干部，为景兴纸业发展奠定了重要基础。朱进说："景兴整个团队、领导班子都兢兢业业，都很低调、勤奋，有干事业的责任感、责任心。我与他们接触的时候，他们都还年轻，包括戈海华、徐俊发等，整个团队的注意力都在企业。团队的精神风貌，和朱在龙有很大关系。作为班长，该如何协调、信任团队，怎么放手让他们发挥作用？朱在龙在这一点上做得很好。到目前为止，他的核心团队虽然有新老交替，但是主要人员多少年来都仍然在景兴发挥作用。我看到不少企业搞两三年以后又换人了，不团结，互相说人家不是。景兴当时虽然规模小，但是它的企业氛围是非常难得的。"

朱在龙有非常出色的用人之"道"。他熟稔"总揽不包揽"的基本原理，并运用自如。充分信任，大胆授权，看准了就用，用了就充分信任，用人不疑，激发干部的主动精神，这是朱在龙用人之道的显著特色，是高超的用人智慧和管理艺术。在采访时，公司总经理王志明表示："这几年平常除了重要决策和开会，我们平时也不多见面，朱董对于管理层充分放手，大家都是各自安排好自己的一块工作,包括出差之类的事情不需要一一向朱董汇报。"徐海伟说:"朱董重感情,善于放手、相信下属,疑人不用,用人不疑。"姚洁青也告诉我们:"朱董知人善用,一旦用了人,信任度就会很高。有时候甚至会让人觉得,他怎么这么相信人呢? 这是他的优点,越这样人家越会给你干好。我觉得这是朱董的能力和眼光,不是所有人都愿意这么容易去相信别人的。"盛晓英在访谈中说,在投资方面,朱在龙给予投资团队充分的信任和授权。投资团队拿出投资方案后,"朱董亲自登记、选择、把关",即使最后方案实施结果不理想,他也不会简单归咎于投资团队。公司总工程师程正柏告诉我们,对于下属的意见,"朱董不会轻易反对,他善于听别人的意见,支持下属。有时即使下属犯了小的错误,他也会看重感情,留有余地"。程正柏回忆,2001 年,6 号机用白木浆生产,成本很高,朱在龙认为可以用脱墨浆来做衬层,面层还是用白木浆。过去这种设计项目都是请设计院的人来做,朱在龙却把这一重任交给刚刚毕业的程正柏。程正柏后来也提出过这样的疑问:"已有老工程师,为什么还要让我做呢?"朱在龙说:"每个人都是从不会到会的,我年轻的时候也没做过厂长,现在不也做得很好吗?"就这样,团队自己做图纸设计、工艺设计、管道设计、购买设备等,"结果开机的时候很成功,第一年就节约成本 900 万元,节约了经费,又培养了人才,那一年是 2002 年",程正柏回忆道。

早在 2001 年,朱在龙在讨论领导艺术时就说,要知人善任、用人之长、必要监督、放心授权;2004 年,他又撰文说,领导者要善于授权,就如学车,师傅老是不放心、把着方向盘,徒弟是很难学会的,"要学会授权,管理者应该做管理工作,对下属办事老不放心,怎么可能成为管理者呢?"

卡耐基说:"一个人的成功,只有 15% 归结于他的专业知识。还有 85% 归于他表达思想、领导他人及唤起他人热情的能力。"

我想,朱在龙拥有这样的能力。

朱在龙善于以"术"载"道"。他强调要以制度管人,强调在公司正风肃纪,强调通过各种途径和方法提高干部素质、职工道德素养,强调人才队伍建设,强调持续的管理创新,特别是强调民主管理。在我看来,这些都是以"术"载"道"的战略安排和布局。

信任不等于放任。朱在龙一再告诫公司各级管理者:领导是非凡之人,就要有非平凡人的素质。他强调:"权力是上级授予的,威信和影响力是靠本身实践实现的。"他曾经向公司干部推荐一篇文章,题目是《领导的本质就是:管理自己,影响别人》,强调正人先正己,身正令才行,自己做好了,才可能影响到别人,成为一位受人尊重的领导者。2016年7月,对于一些违反公司管理制度的情况,朱在龙态度鲜明:"能力决定你所在的位置,品格决定你能在这个位置上坐多久。再有才华的人,也需要公司给你做事的平台和机会,也需要他人对你或大或小的帮助。"

朱在龙在2019年5月的短文《立足底线,追求高线》中写道:追求高线,要求增强忧患、担当作为;坚守底线,就是"守住做人的底线"。在2019年4月的公司会议上,朱在龙指出公司存在的"六种不良行为"和"六种不良心态",针对"严厉打击内外勾结损公肥私、故意泄露交易底价或标底使之成功入围合格供应商、以使用效果好技术领先作为幌子把其他供应商拒之门外谋好处、对想成为公司供应商的企业索贿、故意放低价格和交易条件以权谋私、以自己的权力和便利直接或间接通过自己的亲戚朋友在自己管理范围内做生意谋利益"六种不良行为,以及"消极否定性思维、推卸性思维、只看金钱、抱怨和自以为是、怕出错怕犯错懒惰、不相信和不担责"六种不良心态,强调要强化纪律约束,坚决打击损害公司利益的蛀虫。这是朱在龙的底线。

朱在龙支持推进公司7S、4R、TPM精益管理,取得显著成效。他带头开拓管理创新,将其视为内部企业文化的核心竞争力。孙贤龙说:"在龙不但注重技术设备的创新,注重产品质量的创新,也注重企业管理的创新,以此不断提高劳动生产率。我去过他们企业,有的时候企业董事长上班穿的是这个厂里的工作服,跟工人一样,有一种很强的凝聚力,注重现场的管理、企业的管理。我到景兴车间参观,从污水处理的地方,到控制室,到配电房,到他们食堂,有一个印象,不管是哪里,都整整齐齐、朝气蓬勃,这是一种企业文化。"朱进说:"你要了解一个企业,不妨到车间走一圈。有的企业东西放得乱七八糟,说明管理不严谨。而景兴是很严谨的,东西都摆放到位,这很说明问题。景兴的现场管理足够优秀,全面质量管理水准很高,包括仓库管理、劳动力管理、质量管理、资金管理等,银行对这样规范的企业提供资金支持也就更加放心。"

朱在龙的民主管理思想独树一帜。景兴纸业的民主管理开展较早,制度完备,这在民营企业中非常罕见,堪称典范。企业倡导民主管理,不仅是因为好的建议可以帮助公司直接受益,更是因为民主管理使参与者有归属感,提出意见和建议获得奖励之后更使其有荣誉感和认同感。

早在1998年,公司就广泛开展"合理化建议"活动;1999年4月,公司发布"管理宣言",以制度形式"不让意见箱空着"。这是一份令人肃然起敬的完整制度,制度要素极为完备:制定目的、适用范围、责任主体、建议的受理、建议的收集、建议的处置、合理化建议的效果审查,建立好建议档案,并给予奖励。2004年2月,公司组织力量专门就此进行问卷调查,了解合理化建议推进工作中存在的问题,不断完善相应的制度,全面推进民主管理。《景兴报》报道:"自2004年公司全面推广合理化建议制度以来,截至2011年底,各项合理化建议提案数已经达到4 266条,其中直接采纳的2 251条已经运用到公司的各项生产经营和发展中,这些被采纳的建议不仅为公司带来近千万元的经济效益,也为深挖公司潜力、提高员工创新意识、凝聚员工向心力和稳定员工团队起到巨大促进作用,更为公司的可持续发展带来勃勃生机与活力。"

有一次,有干部向朱在龙提议厂里不要带手机,手机可能会引发一些安全事故,朱在龙听后觉得很有道理,马上采纳了这个意见。公司副总经理鲁富贵说:"朱董的行动速度非常快,应变和创新方面做得很好,比如 ISO9000 质量体系的认证、全面改革、意见建议的数字化平台都是他提出来的。精益管理也是朱董参与一起交流的,当时有其他企业在做,我们沟通后决定一起来推进。"

近年来,在朱在龙的支持下,公司花大力气建设"问题上报管理平台",倡导和鼓励任何员工发现公司生产经营和管理中的任何问题,都可以随手拍、随手传、快速上报,通过技术手段使问题处理公开、及时。同时,通过加大对问题上报和问题处理人员的积分奖励,激发员工的主体意识,打造"景兴发展共同体"意识。在制度规则的基础上,以现代信息技术手段,不断促进公司管理的全过程民主,景兴纸业是一个典范。

朴素价值观下的社会责任

如前文所述,我访谈了好几位支持帮助过景兴纸业发展的政府官员和银行领导——他们大都已经退休或已离开平湖。但谈到景兴纸业,他们无一例外充满感情。"为什么支持景兴的发展?"当被问及这一点时,几乎所有人都这样回答我:不管谁去了景兴,谁接触朱在龙,看到这种积极向上的精神状态,都会尽力去支持他。孙贤龙说,他来平湖后不久,便得知朱在龙的口碑很好,是一位为人低调、踏踏实实、勤勤恳恳、认真负责的企业家,他管理下的企业运作很规范。因此,在景兴需要的时候,政府部门就特别愿意助力景兴发展。马邦伟跟我说："在龙是一位土生土长的敬业、执着但又低调的企业家,关心地方发展也热心社会公益,我虽然与他谈不上有什么私交,但他给我最大的感觉就是人品不错。"

朱在龙有一个很好的习惯——走路,这是最朴素的健身方法。有哲人曾说："我只有在走路时才能思考。一旦停下脚步,我便停止思考。"我相信,走路对于朱在龙,同样不仅是健身,更是思考。节假日的公司,办公大楼和院子里空无一人,朱在龙喜欢穿一件旧汗衫绕着公司院子快走几圈,那是孑然一身的"孤独状态",是一位事务缠身的大企业掌门人在自觉不自觉地寻求、保留、享受这点孤独感。"我喜欢快走,不喜欢在跑步机上走。最快的时候一小时多点能走上 10 来公里路,冬天也可以走到浑身冒汗。"他告诉我。

朱在龙是农民的儿子。我还记得上高中时,我们经常就着咸菜之类下一点米饭,有时吃得难受到反胃甚至呕吐。所以,当我看到在龙在公司提倡艰苦朴素,反对大手大脚,我知道这不是口号,而是他最真实的生活态度。他强调"感恩、忠诚、敬业、负责、节约,时刻维护公司的利益,节约公司的每一张纸,珍惜工作的每一分钟"。他说:"省下的,就是利润!"在景兴纸业调研时,我注意到他办公室旧热水瓶的外壳斑驳有锈迹,他完全无所谓;好几次,他周末在办公室穿着洗得发白褪色的汗衫接待我,很放松也很享受;有一次,我们在公司食堂用午餐,食堂阿姨给我盛了一份红烧冬瓜,还有一份平湖独有的鼓鼓的肉嵌油豆腐。窗台边上摆了一小碗醋姜,阿姨客气地问我要不要也来几片,"老板喜欢这个姜,这个下饭"。不远处,朱在龙边用餐边与员工谈话。盛晓英说:"朱董也是个普通人,为人宽厚,从不计较。也许不熟悉的人会认为他很严肃,但熟悉以后,就会觉得跟他聊天很舒服,与干部职工聊工作、生活、家庭,跟他打交道丝毫没有压力。"

公司副总经理徐海伟告诉我们："朱董非常能吃苦,没有老板的架子,不讲排场。特别是出差,常常很辛苦,有时候半夜才回平湖。2005年我跟着朱董去北京,晚上十点多还没吃上饭,到酒店他说累了,凑合着吃了碗泡面就睡了,倒是我叫了一份酒店的炒饭。在他身上,我读懂了什么叫吃苦耐劳精神、什么叫'四千精神'①。"

任正非曾说,自己的缺点是"没有什么兴趣爱好,⋯⋯那就继续干活吧"。同样,朱在龙也是一个"简单的人"。平时忙忙碌碌的他,根本没有时间去培养和享受什么别的兴趣爱好。朱在龙的生活,惊人地有规律——早上走路,到公司食堂吃早饭,然后到办公室处理公司事务,包括开会、谈话等,晚上到食堂吃晚饭,晚饭后继续回到办公室办公,或看书。他似乎依然是当年我们身边那位安静不张扬、沉得住气、喜欢看书的同学,精神富足、灵魂干净!

王志明告诉我们,朱在龙要求"做我们认为不可能的事情",在这种精神引领下,很多看似不可能的事情后来都做到了。"朱董学习能力很强,各个领域都有涉猎,不断接受新思想、新观念、新知识⋯⋯上市期间甚至把所有公司财务制度研究透了,在证监会答辩了一两个小时。"鲁富贵说,"朱董到现在还是一有空就看书。他不断思考,也经常外出交流学习优秀企业的经验,所有心思都围绕公司工作⋯⋯真可以用'奋斗不息'四个字来形容。"公司副总经理徐海伟也说:"朱董专业性很强,对造纸熟悉,对财务也很熟悉,让我很钦佩。朱董说自己在公司上市之前,天天看财务书,这种毅力值得我们学习。"朱在龙强调要全员学习,推进学习型企业建设,他自己以身作则。他给图书室捐书,给员工推荐

---

① "四千精神"是指"走遍千山万水、说尽千言万语、想尽千方百计、吃尽千辛万苦"的精神。"四千精神"发轫于浙南,集中体现了改革开放之初浙江企业家敢于改革、善于拼搏、不畏艰险的精神品质。

好的读物。

朱在龙在文章中说:"不断学习,是管理自己的主要内容,我们都不是天才,必须靠不断学习。"

朱在龙肩负公司发展的最大责任,内心压力也比公司任何人都要大很多,但他把这种压力转化为工作的动力。鲁富贵说:"朱董工作有激情,过去出差回来不管多晚,都一定要来厂里转一圈,有时会让我陪他一起走。每天大概只睡3到4个小时。"唐建良告诉我们:"他把全部的时间、全部的精力都放在厂里,晚上在办公室里工作到很晚。马上60岁了,他还经常去车间、去现场。"

朱在龙也是"干一行爱一行"的典范。他对造纸行业的研究非常精深,对于造纸行业发展规律、生产销售规律的把握很通透,对于造纸这份事业,他倾注了极大的热忱与感情。即便在上市融资以后,他仍然带领公司聚焦主业,抓技术创新,引进先进设备,研究产品创新,满足社会对于纸业产品不同层次的需要。孙贤龙告诉我:"后来他也做生活用纸,甚至开发了一款婴儿用纸。这种产品创新,既符合企业发展前途,也关系到老百姓的需求,符合人民群众对美好生活的需要。"

IBM 的小沃森在《一个企业的信念》一书中说:"IBM 的哲学可以用三项简单的信念来说明,我认为最重要的一项是:我们对每个员工的尊重。"朱在龙和景兴纸业也是一样。朱在龙厚爱员工名声在外。这是社会对景兴纸业和朱在龙最大的褒奖。严管厚爱,使得企业时时充满生机,"把员工当回事"也使员工们对景兴纸业都充满感情。

对每一名员工,特别是外地员工,朱在龙倾注了很多感情。公司多年坚持举办集体婚礼,他总是亲自到场贺喜,承诺"景兴会给大家值得期待的未来"。在公司首批引进的13名大学生中,就有9人在平湖安家立业。为营造尊重人才的良好氛围,也为了更好地留住人才,在朱在龙的支持下,公司在办公大楼旁建设高品质集体宿舍,很多员工从初来公司到结婚生子、获得发展,都住在公司建设的宿舍中。二十多年来,公司每年都举办"大学生座谈会",无论多忙,这个会议他必定参加,他喜欢与大家坐在一起聊聊,听听大家的意见和建议。王志明说:"景兴还有月度、季度的员工交流会,我们都会让这些年轻人参加,让他们有一种融入感。"

在大家眼里,朱在龙"绝不是那种把钱看得特别重的人,不计较得失",他是全心全意在奋斗、全心全意在做事业。朱在龙的这种精神激励着整个管理团队乃至全公司员工。也正因为如此,景兴纸业不管是管理层、一线员工,还是整个公司的运营,总体都十分稳定,大家"在同一条船上"奋力划桨,乘风破浪不断前进。一个"奇特"的景象是,景兴纸业80%以上都是老员工,不少员工从学校毕业踏入社会的第一份工作就在景兴,可以说整个职业生涯就是从景兴起步,在景兴成才的。景兴纸业的人员流失率非常低,在造纸行业尤其难得。我想,这不仅仅是因为大家都从景兴纸业的快速发展中获得了较好收益,更是与领军者朱在龙的人格魅力有很大关系。

"同命运,共成长",这句话一直深深刻在景兴人的心里。因此,即便有些岗位外面有很大的诱惑,但很少有人动摇,因为大家认同这种文化,认同这种精神,认同这样一个基本前提:景兴纸业所能提供的成长空间和上下级之间稳定的信任感是非常难得的。公司干部团队和职工队伍超强的稳定性、超强的凝聚力是非常少见的。已经在景兴纸业工作35年的盛晓英说,目前公司的在职高管大多是从创业初期就一直跟着朱在龙,"我们在这里工作是很安心的,财务这么吃香的岗位,要是在别的地方,三十多年都不知道换了多少财务经理了,早就被外面挖走了,但是我们不会"。在盛晓英看来,朱在龙从不斤斤计较,总是给予手下充分的信任。有时候工作上确实比较辛苦,但是心情很愉快,这是他们能在公司坚持工作 35 年的重要原因。钱晓东告诉我们，对比其他快速发展的造纸企业，人员招聘模式一般都是一位核心成员带领一个团队，短暂工作几年之后又另谋他就，这样的模式没有长远规划，员工就不会用心去做。

企业家要有浪漫主义精神，能把握大方向，要敢想才敢做，而对员工要有人文主义情怀，这正是朱在龙所具有的显著特征。有员工说道，"朱董从来不会因为对方年纪轻或者职位低，就另眼相看、区别对待"。景兴纸业整个团队的凝聚力、企业的凝聚力与朱在龙的基于平等观念上的人格魅力是分不开的。有公司干部告诉我，最让他们感动的是，每当员工遇到困难和问题的时候，"朱董一定会在能力范围之内，站在员工的角度去考虑和解决"。朱在龙对员工的关心不仅是在工作上，也体现在员工的生活上。比如员工的住宿问题、子女教育和就业问题，不管是否成功，他都竭尽所能帮忙联系，事后却不提及自己做过的好事。对他来说，员工在为公司做贡献，关心好自己的员工是他的分内之事。

在朱在龙的支持下，景兴纸业很早就成立"1＋1 职工互助金"：公司职工集资多少，公司也以同样金额拨付入账。这是公司尽力帮助职工渡过难关的一个创举，并通过制度形式一直延续至今。互助金的所有账目全部公开，我们可以在《景兴报》上非常清晰地看到每一笔支出：职工或其家人生病了、职工家里猪舍倒了、跌倒骨折了等，各种用途的补助支出非常温馨和实在。

在朱在龙的支持下，景兴纸业持续、广泛地积极回馈社会。各种自然灾难发生后，景兴纸业的慈善捐款总是走在前面。我特别注意到，2018 年 7 月 12 日，盛夏高温日，朱在龙亲自赶往安徽省萧县大屯镇张楼村，参加"张楼景兴希望小学"的揭牌仪式。事务繁忙的他是完全有理由委派代表参加的，但他认为"这不是小事，是大事"。仪式上，朱在龙发表了热情洋溢的讲话，并代表公司继续向张楼小学捐款，用于学校建设与村道修建。同时，他发动公司党委各支部,与所结对的贫困学子家庭进行了现场爱心助学签约仪式。他真诚地说,孩子们脸上洋溢的笑容是对我们最好的回报,希望他们在"张楼景兴希望小学"健康成长。

近年来,景兴纸业还积极与该地的一些经济发展薄弱村结对,出资金、供信息、拓市场,在"精准扶贫"之路、履行社会责任上尽心尽力。2017年11月,经浙江省企业社会责任促进会聘请专家评审,景兴纸业的社会责任报告被授予"2015年度浙江省企业社会责任优秀报告"荣誉称号。

特别需要强调的是,景兴纸业特别重视环保工作,把它作为自己社会责任的一部分。造纸业是传统企业,环保是一个突出问题,朱在龙"一直在用心动脑筋,既要合规合法,也能降低能耗,提高产品质量"。即便在公司早期发展阶段(当时还是平湖市第二造纸厂),国家环保政策并没有现在这么严,能耗要求也没有现在那么高,但是朱在龙团队已经在自我加压,投巨资建设热电厂、建设环保系统等——这些投入不直接产生经济效益,甚至可能对公司财务形成较大压力,但承担好这个社会责任他们从未动摇。朱进感慨道:"这是一个企业和企业家的社会担当,绝不为自己的一点局部利益而不顾社会大局。这个,景兴做到了!"孙贤龙说:"景兴重视企业的社会责任,这一点我印象深刻。企业做大了以后,确实不再是'自己的'企业,而是一个社会的企业。朱董关心企业员工,关注社会公益事业。景兴的社会责任,特别体现在环境保护方面。他特别重视环境保护,团队中很多干部都特别重视和善于做好环保工作。"

企业是国家经济发展的基本细胞,国家繁荣昌盛离不开一大批富有活力和竞争力的企业,而企业的发展则离不开优秀卓越企业家的支撑,离不开一大批有情怀、有抱负、有担当、有远见的企业家的奋斗和奉献。

朱在龙就是这样一位有担当、有责任感、值得社会敬重的优秀企业家。

阔步新时代　谱写美好新篇章

　　40载栉风沐雨,河山换新颜,朱在龙从未松懈。40年,他带领公司上下以敢闯敢干的勇气和担当,以逢山开路、遇水架桥的开拓精神,不断自我加压,带领景兴纸业不断实现跨越式发展。

　　前行,只有进行时,没有完成时。中流击水,奋楫者进。时间是最伟大的书写者。站在40周年的时间节点上回望,景兴人更明白这样一个道理:唯改革者进,唯创新者强,唯坚守者胜。如今,景兴纸业在朱在龙的带领下,依然乘风破浪,向着百年企业的目标勇毅前行。

　　一路艰辛,一路荣光!

　　致敬这个伟大时代的每一位奋斗者!

　　致敬我的同学——朱在龙!

一生做好一件事

浙江景兴纸业股份有限公司,是全国造纸业的大型龙头企业,是中国包装技术协会批准设立的"中国包装纸板开发生产基地",同时也是中国包装联合会认定的"中国包装龙头企业"。2008年9月,景兴纸业荣获"中华蔡伦奖"杰出企业奖;同年12月,在纪念改革开放30年民营企业系列成就颁奖典礼上,景兴纸业荣获"最具成长性民营企业"荣誉称号。

景兴纸业以技术为依托,以品质求生存,以服务争市场,以效益谋发展,先后获得国家高新技术企业、国家首批"资源节约型、环境友好型"试点企业、全国造纸行业劳动关系和谐企业、全国守合同重信用企业、浙江省文明单位、浙江省四星级环保诚信企业、浙江省绿色企业、浙江省知名商号等荣誉。公司产品先后获得国家级新产品、中国包装名牌产品、浙江省名牌产品等称号,"景兴"牌商标被认定为中国驰名品牌等。

40年来,朱在龙带领景兴纸业从一家乡镇造纸小厂发展成为朝气蓬勃的上市公司。他参与、见证了我国改革开放近半个世纪来整个行业的发展历程和时代变迁。

命运的齿轮

主持人：感谢您接受我的访谈请求，让我有机会能与您一起回顾景兴纸业40年发展的不平凡历程。对于我来说，这是一件很有意义的事情，我可以通过景兴纸业"向上而生"的曲折发展历程，更好地研究我国改革开放的伟大历史，更好地理解我们民营企业家不懈奋斗的伟大精神。

朱在龙：欢迎您来我们公司。对于我来说，这也是很好的时机，在我们景兴纸业成立40周年的重要时机，我们能一起坐下来作一些回顾、梳理。总结过去，展望未来，对于我来说，也是一件很有意义的事情。

主持人：景兴纸业从濒临倒闭的乡镇企业起步，一路向前，现在已经发展成为国内有影响力的上市造纸企业。您能从总体上评价一下您和景兴发展的这40年吗？

朱在龙：我人生第一份正式职业就是造纸，终生职业也是造纸，基本上可以概括为"一生只做一件事"。当然，一生能做成这一件事，做好这一件事，也不容易。我很幸运，应该算是"做成了一件事"或者说"做好了一件事"的人。

我们回顾景兴纸业的发展历史，不能忘了国家改革开放的历史大背景。景兴纸业的发展与我们国家改革开放的发展历史是高度一致的。应该说，是改革开放给我们带来了成长和发展的机会，没有国家改革开放的正确决策，就没有我个人的今天，也没有景兴纸业的今天。

1978年，轻工业部造纸工业局重新组建成立，首次全国造纸工业标准化会议召开，国内第一套纸厂废水生化处理大型试验装备通过鉴定,中国自行设计制造安装的第一座喷射式碱回收炉建成投产……具有远见卓识的改革开放决策,为造纸工业带来潜力无限的发展机遇,中国造纸工业自此开始走向一个新的历史发展征程。

主持人:我非常赞同您的说法。我们研究一个人、一个企业,不能离开时代大背景。改革开放以来,我们整个国家实现了历史性跨越。所以,我们经常讲,改革开放是一次伟大的觉醒,是决定中国命运的关键抉择。

朱在龙:1978 年改革开放,首先是在我们农村引发了很多巨大变化,而其中一个重要变化就是乡镇企业迅速崛起。我记得那个时候国家大力鼓励各地大办乡镇企业,景兴纸业的前身——平湖第二造纸厂就是在这样的背景下起步的;后来,到 20 世纪 90 年代,鼓励民营经济发展,特别是在邓小平南方谈话后,中央确立了市场经济发展的目标,民营经济发展进入了春天,我们的"3250 工程"就是在那时建成的。现在倒回去看好像是时间上的巧合,实际上不完全是巧合,没有国家这样的发展态势、没有这样的鼓励政策,我们就不可能有这样大的投入;在进入新世纪后,我们整个国家的经济、社会都获得了令人眼花缭乱的发展,我们景兴也在这样的蓬勃发展中获得迅速成长。包括我们"走出去",布局海外,也与我们国家战略密不可分。

主持人:我们很多项目投资,当时可能并没有有意识地去关联或者考量这种大的时代背景,现在回过头来看都是与时代高度合拍的。

朱在龙:客观上,一个企业不可能游离于时代背景、游离于国家战略之外获得发展。所以,我们不能孤立地看景兴的发展。景兴发展是国家发展和社会进步的一个小的例证,或者说一个小小的缩影。回顾景兴发展历史,我们企业从无到有,按照现在的说法是"从0到1",再从1到10,应该说也是一路波折,一路艰辛。当然,我们还是很幸运的,我们实现了与时代发展合拍的快速健康发展,应该说取得了无愧于这个伟大时代的点滴成就。

主持人:我有幸与您高中同窗。离开平湖后,我一直默默关注着景兴的发展,为景兴的发展由衷地感到高兴。高中毕业后有一段时间我们联系不多,那时您是直接去造纸厂了吗?

朱在龙:您也知道,我对物理、化学和数学一直很感兴趣。高中读好后,那个时候就十七八岁吧,我有一段时间是在我们平湖城关中学的校办厂做无线电产品。那时收音机、电视机属于非常时髦的产品。我当时很迷无线电技术,算是"无线电迷"吧。通过电波传来远方的声音、图像,这种技术让我非常着迷。我们的校办厂那时候生产"美歌牌"收音机,我在那里待了大概有半年时间。后来,我又跟平湖中学的一位物理老师学习无线电,他给了我一大堆书,半年时间我都看完了。然后,弄来几台收音机、电视机,拆了装,装了拆。我是出于兴趣,非常入迷。

我自学无线电后,开过维修店,修收音机、电视机。我还自己组装收音机,当时赚了些钱,蛮有成就感的。上海的北京东路上有个"元器件一条街",我经常去那里买电器配件。当时,交通非常不便,平湖去上海一般都是乘我们老平湖人熟悉的"大利班"轮船,从平湖轮船码头出发,一路向北,一直到黄浦江。去一次上海,来回路上也得两天。我记得一般是下午4点多的时候到平湖轮船码头乘船,到十六铺码头基本上是第二天早上6点左右,船上也没有吃的,水都没有,要是有点面包什么的就很不得了了。我在上海买了配件,一大包背着,走到十六铺码头,乘下午4点多的轮船回平湖,又是一夜在船上,第二天一早回到平湖。

主持人:这段经历,您是第一次跟我讲。现在的年轻人可能想象不出来。实际上当时的条件还是很艰苦的。

朱在龙：当时年轻嘛，感觉也还好。

有的时候我自己一个人去，有的时候我带徒弟一起去，因为好多东西要背回来，一个人搞不定。到了上海，我们就从码头走到北京东路，大概要走一个小时。当时外滩还没有今天这么宽的马路，我们常常在小弄堂里穿来穿去，真的是"走弄穿巷"。走去北京东路的时候倒还好，问题是回来时要背很多东西，有时候是很大的电视机、收音机的外壳，还是蛮重的，也舍不得乘车。

主持人：我感同身受呀！我第一次去上海时也是这样。那时公交车票价好像是 1 毛钱吧，但确实不舍得花钱，硬是靠两条腿走了很长的路。您的这个叙述，很有画面感、年代感。

朱在龙：我买来电器配件自己装无线电，基本上一个晚上就装好了。记得我们还组装电风扇。当时，一台就能挣 5 块到 10 块钱。电视机的组装要比收音机、电风扇复杂一点。显像管买来是现成的，就是几个线路板稍微复杂一点，还有就是调试比较复杂，要调图，声音和图像要同步。那时候年轻，很入迷，一个晚上不睡就不睡了。

在平湖到上海的航运史上，在平湖地方的改革开放历史上，在很多平湖人特别是早年就闯荡上海滩的平湖企业家的心里，"大利班"轮船都占有重要的一席之地。"大利班"的前身是"平沪号"轮船，1925 年 11 月 1 日首航上海。1930 年，平沪轮局董事会决定扩建并更名为"大利轮船股份有限公司"。1948 年，轮船重新行驶申平线，大利公司投入 2 艘轮船，运力大大增加。"大利班"轮船一直运营到 20 世纪 90 年代。现在的平湖的东湖码头，是"大利班"起航的地方，每天清晨和傍晚，轮船传来的汽笛声是几代平湖人最深刻的记忆。对很多最早闯荡上海滩的平湖人来说，乘坐"大利班"轮船的场景仍然历历在目。①

主持人：那个时候，我们心中都有很多念想或者说梦想，有很多对未来的期待。我完全能想象当时您对新生事物、新技术的这种近乎痴迷的状态。

朱在龙：是的，那时即便辛苦也不悲观。

我的那位平湖中学物理老师，是哈工程，就是现在哈尔滨工程大学毕业的。他在这方面专业水平很高。那时候这些人可能学历不是很高，但是个个都身手不凡，都很厉害。他的老师好像是一个早年苏联派来的技术人员。我从这位物理老师那里，学到了很多。

主持人：这是很有意思的经历。我们都知道，改革开放之初，社会物质条件极为匮乏，经济上百废待兴。潜心钻研无线电，做些产品出来，这算是刚刚踏入社会您的最初尝试。

朱在龙：那时，我隔三差五去上海买器件、配件。我发现了一个很有意思的市场空间：正规厂家对配件质量测试要求很高，测试出来发现有点瑕疵的，叫二等品，就拿到市场上、地摊上去卖，也不回笼，以前也没有报废的说法。而我们农村有这样的需求和市场，对农民来说，能听到声音、看到图像就很新鲜了。这里面还是有一些盈利空间的。这大概是 1981 年、1982 年的事情了。

主持人：从"技术"和"市场"这两个您的人生"关键词"来说，在您买了船票，坐上"大利班"轮船去采购无线电元器件时，您在某种意义上也算是"起航"了。这个"大利班"轮船或者说轮船的那一声长长的汽笛声，对于景兴发展历史还是有些象征意义的。

---

① 参考网易资料：https://www.163.com/dy/article/DOFL7TM60522RO50.html。

朱在龙：也许是吧。这段经历,应该算是我人生第一次与市场经济的正面接触了。

大概在1983年底的时候,我父亲对我说,不能老在社会上闲荡,没有一份正式的工作也不好,希望我能够走出农村。他的想法是年轻人"应该有一个体面一点、稳定一点的工作"。后来,我们乡里正好在筹建造纸厂,要招人,我就去了。

党的十一届三中全会提出要大力发展"社队企业"。从1978年到1983年,社队企业在全国各地广泛兴办起来。到1983年,社队企业共吸收农村劳动力3 235万人,比1978年增长14.4%;总产值从1978年的493亿元增加到1983年的1 017亿元,年均增长速度为21%。

1984年3月,《中共中央国务院批转农牧渔业部〈关于开创社队企业新局面的报告〉的通知》将"社队企业"更名为"乡镇企业",该文件对家庭办和联户办企业及时给予了充分的肯定。国家对乡镇企业采取了更加积极扶持的政策,企业在组织生产、产品销售等方面获得了较大的自主权,乡镇企业进入第一个全面发展的高峰期。

1984年7月10日,浙江平湖曹桥乡工业公司、曹桥供销合作社签订联办平湖(第二)造纸厂联营协议合同。1984年8月,浙江省平湖第二造纸厂成立。

主持人：平湖第二造纸厂是1984年开始建设的,您也差不多是那个时候进入了企业?

朱在龙：进厂的具体时间我已经记不太清楚了,应该在1984年、1985年,哪一天就记不清楚了。当时叫平湖第二造纸厂。厂里还没有像样的设备投产,一切都是最初创的那种样子。我记得大家还在打围墙、铺石子路。工厂的条件非常简陋。

我进厂的时候，工厂运营很困难，没有什么流转资金。乡里说是要建厂，其实自己也没钱，所以就要求每个员工带资入厂，每人交 2 000 块钱，相当于向员工借钱。我也是带资入厂的。2 000 块钱在当时对一个家庭来说已经算是巨资了。农村很少有人家里有这么多钱，我家也一样。这些钱大多数是要去借、去凑的。

主持人：现在回过头来看，您进入工厂的这一天，是您人生的重要一天，其实也是企业发展历史的重要一天。按照现在时髦的说法，就是您和企业"命运的齿轮"开始转动了。

朱在龙：我一开始是做机修工，整天跟着嘉兴民丰造纸厂的老师傅搞设备安装、机械维修等，开始与造纸打上了交道。当时，我们厂设备落后，技术水平差，很少开设技术课程，也缺乏生产和市场经验，所以亏损十分严重。我记得，当时每个月亏损达到 2 万多块钱。1985 年的时候亏 2 万多块钱是什么概念？在一个乡里，有这么大的亏损是不得了的事情。所以，景兴的起步可谓是"举步维艰"。

1986 年 6 月，浙江省乡镇企业局、浙江省轻工业厅开设浙江省乡镇造纸干部培训班，朱在龙获得去浙江省造纸学校（现浙江科技大学）专业进修的重要机会。1987 年 7 月朱在龙学成归来，担任平湖第二造纸厂生产科长，很快被提拔为副厂长、厂长。

一年修完三年课程

主持人：您很快有机会被安排到浙江省造纸学校参加培训。这段专业化、正规化的培训，在您的人生经历中，应该具有特别重要的价值。

朱在龙：那个年代，社会上的高中毕业生甚少，厂里清一色都是农民。进厂后，我发现只有我一个高中生。

当时，国家和省里开始鼓励各地大办乡镇企业。浙江不少地方开办了造纸企业，但是大多数发展很慢，成果甚微。为尽快改善这些造纸厂的经营现状，1986年上半年，浙江省乡镇企业局、浙江省轻工业厅在浙江省造纸学校开设了乡镇造纸企业的干部速成班（我们读书的时候，学校名称好像是"浙江大学杭州技工学校"，是浙江大学办的一个初中中专，之后改为"浙江省造纸学校"，后来改制为"浙江科技学院"，就是现在的"浙江科技大学"）。当时省里下发了培训名额，我们企业可以派一个人去参加培训。大概因为我是高中生，在厂里相对比较醒目，加上我确实也比较好学，当时的厂长吴全荣就推荐我去参加进修。我有幸去学习了一年，这一年让我对造纸理论和实践都有了很系统、全面的了解。这个培训班对我成长影响还是比较大的。

特别是，当时浙江省造纸学校的培养方式，哪怕在现在看来都是非常科学和前沿的：半天上课，解决理论问题，半天在华丰造纸厂实习，第二天大家交流、汇报在实践中发现的问题，一起讨论如何解决问题，老师最后再点评和提升。把造纸理论与造纸实践紧密结合起来，学习效果特别好。现在想想，那时学校的培训确实还是很扎实的。

主持人：半天理论，半天实习，第二天交流互动，这种教学方式现在叫作沉浸式、参与式、互动式或者研讨式等"新"概念，被称为"现代教学方式"了。当时，造纸学校就已经采用这样的教学方法，特别是第二天的互动与点评、提升，在今天看来仍然是很科学的教学方法。这种方法教学效果好，能较好地为学员打下扎实的理论和实践基础。

朱在龙：对的。学校教学一般比较偏重基础理论方面的学习和训练。

当时的文化课,对我这个高中生来说当然没啥问题。一年中,我的精力主要集中在专业课方面,收获特别多。我们是在一年内学完原本要三年才能学完的课程。短短一年时间,我们就比较扎实、比较系统地掌握了造纸理论和造纸基本技术。

扭亏为盈

主持人:培训一年回来之后,看到了外面的世界,您也对造纸业有了系统的了解和研究。从学校刚刚回到厂里的情形,您还记得吗?

朱在龙:我回来的时候,工厂差不多还是我出去时的样子,经营仍然非常困难,一年的产量还不到1000吨。我们亏损仍很严重。

进修一回来,我很快就担任生产科长、车间主任。我做了生产科长以后,就天天待在车间里,虽然家很近,但基本不回家。对此,我印象很深。我母亲有一次说,三个月没看到你啦!

主持人:家就在附近不远的地方,居然整整三个月没有回去?

朱在龙:那时候,我几乎天天晚上就待在厂里。我那时还是年轻人嘛,经常半夜两三点还在车间里,总感觉有做不完的事情。因为那时的工人实际上都是农民,我需要手把手教他们,我自己也要上手操作。就这样,一点点硬磨出来。

主持人:当时的乡镇企业工人其实都是两脚还带有泥的农民,大多数大字不识几个。您还得承担老师的角色。

朱在龙:都是农民,我必须带领大家学习,学习如何更科学地造纸,我把在造纸学校学到的东西教给他们。我做了大约三个月的生产科长，跟着车间主任一起管理生产和库存。我做生产科长的第一个月，就把产量做到了 300 多吨。

不久，我便担任了管生产的副厂长，在这个副厂长的岗位我大概做了不到半年。在我做副厂长的时候，我们每个月已经能做到 500 多吨，已经将企业扭亏为盈，虽然盈利不多，但仍然是一个难忘的经历。我们从亏损 2 万多元，到一个月能够盈利几千块钱，大家一起奋斗了一段时间。企业就这样慢慢发展了起来。

大概是 1987 年底、1988 年初，我开始担任第二造纸厂的厂长。

主持人：那时候企业规模有多大，大概有多少工人？

朱在龙：当时规模不大，应该有 200 多名职工。

我们厂以前就是乡办企业，这 200 多名职工很多都是同一个村庄的，互相之间都是亲戚，很多是一个家族的人，关系很复杂。所以，如何处理好与他们的关系，也曾经是一个让人费神的问题。我的经验是，在当时这样复杂的关系中要做好工作，需要与这些人当中威望最高的先搞好关系。比如，多跟他接触，有时候要找他喝点酒聊个天什么的，否则很多事情你根本推动不下去。

主持人：如何在复杂的乡土人情社会中开展好工作，您的这个经历很有意思。我想，您的做法还是符合国情的。现在，我们在基层治理中，也在提倡利用好社会贤达、德高望重，或者说"意见领袖"这部分人的影响力，道理是一样的。

朱在龙：对呀。曹德旺在美国开工厂也讲到类似的故事，他先要跟美国工会负责人达成共识，再用他们来影响更多的工人。

"要做就一定要做好"

主持人：一个人的成长和成功，是很多因素综合的结果。其中,家人的影响不可或缺。您认为您的父母给了您一些什么样的影响?

朱在龙:我们家在乡下,我们都是种地的,我父母都是老老实实、踏踏实实的农民,他们教了我踏实做人的基本道理和品格。我有一个姐姐和一个妹妹,放学以后都要帮父母种地。那时候已经包产到户,我们家有7亩地。当时我父母年纪还轻,还能干活儿。夏天"双抢"①的时候,农民特别辛苦。

我父亲是比较实在的人,也是我们曹桥这边土生土长的农民。他做过村里的干部,做过生产队长。在我们农村当生产队长一般要求还蛮高的,要有号召力,有威望,自己田里的农活也能拿得起来。

主持人:平湖这边的农村,很多都是一个自然村里有一个大姓,习惯上大家以这个大姓来命名这个村,同村大姓的那些人家之间多少都有些亲戚关系。比如,我家原来的村叫陈家村,村里多数是陈姓家庭,个别不姓陈的家庭,多少有些"外来人"的感觉。我们村边上是李家村、方家村等,都一样。当然,这些自然村落现在都被征地、拆迁了。

朱在龙:是的,但是我们村比较特殊,村里边有很多姓,没有大姓,村里各种姓构成对应的亲疏关系,所以管起来也有特别的难度。担任生产队长的人一般要有一定的威望,你得让人家服你。

我们家里是比较穷的。所以,我进工厂的第一个想法并不复杂,当时的想法是很单纯的,就是要争口气,做得好一点,出人头

---

① "双抢"是对江南农村夏天水稻"抢收""抢种"的简称。双抢季的时间特别紧。割稻时可能因台风不期而遇,造成收割困难;熟透了的谷粒容易脱落;连续几天大雨,则稻谷容易发霉或发芽。插秧要抢在立秋之前,据说节前插的和节后插的秧,长势会不一样,收成也不一样。双抢期间,江南气温又特别高,农民起早摸黑劳作,特别辛苦。

地,不要让人家看不起。这是最初的想法。我进厂的第一年,我记得我们家还欠生产队3000多块钱。我上班一年左右,就把3000元的奖金给了我父亲,把这个欠账还了。

我父母亲是一直支持我的,他们对我的要求很简单,就是一句话:"你既然要做,就一定要做好!"这句话很简单,但一直鼓励着我。随着职位的变化,我对"一定要做好"的理解也越来越深刻,社会责任感也越来越强了。

24 岁的厂长

1988年1月,24岁的朱在龙被任命为平湖第二造纸厂厂长。通过扩建、技改,企业一扫疲态,当年企业就扭亏为盈,实现利润30多万元。通过后续一系列提质、增产、技改后,工厂的产品质量和市场逐步趋于稳定。从1988年到1991年的4年时间里,朱在龙带领企业完成技改项目10个。1988年1号纸机的年产量达到2000吨。1989年扩建2号纸机,产量大幅度提升。到1990年扩建3号纸机,年产量已达1万吨。

主持人:您生于1964年,1988年当厂长时也才24岁,就已经独当一面。当您被任命为厂长时,您的心态是什么,是激动还是有压力?

朱在龙:当时厂里还是面临很多困难的。我当了厂长以后,感觉责任一下子就大了很多,整个厂的生产、经营、销售都要管起来。24岁时肩上的担子就很重了。

现在回过头来看,我是把自己的青春全部贡献出来了,21岁进厂,24岁开始做厂长,年轻人应该有的那种生活状态,比如唱歌、跳舞、到处游玩，这些娱乐活动，我确实一点都没有享受过。但我不计较，我一直很有信心把企业搞好。我当时的想法是，一定要把企业规模扩大、把企业搞得更好。还是我父母亲的那句话："你既然要做，就一定要做好！"

主持人：您属于当时的有志青年，进厂以后成长得非常快。为什么您能脱颖而出当上厂长？

朱在龙：为什么会选择我？我倒没有仔细想过这个问题。可能有几个方面的因素。比如，我自身是比较努力、比较踏实的，应该说也是比较好学的，这不是自吹。我跟着民丰造纸厂的几位老师，一点点学，一点点积累。当时，很多人下班以后就跑掉了，不少人要回家种地，要顾着家里的农活。下班后，我一般都要在厂里待上一阵，有时候干脆就不回家，感觉总是有很多事情要做。我感觉傍晚特别是晚上的时间特别好，非常安静，也非常安心，可以充分利用，可以向民丰造纸厂的师傅们讨教很多东西。我非常尊重这些师傅，他们都是经验非常丰富的"老法师"。对那几位民丰造纸厂的老师，我一直心存感激。他们的很多经验在书本上是找不到的。

早上，我也比大多数人到得早，有时候要帮师傅们准备好洗脸水，或打好早饭送到老师傅宿舍里去，真的就像徒弟跟着师父一样。这段经历让我对"师傅"的重要性有很深的执念。后来，我在公司推动"师徒制"，应该说与这段特殊经历多少有点关系。

我平时话不多。我不是那种口头上积极，行动上却搞另外一套的人。人家要我做的事情我会做得特别好，尽量做到完美，所以老师傅们还是很喜欢、信任我的。

民丰造纸厂的前身为嘉兴禾丰厂。1929年由竺梅先、金润庠等人接盘，集资50万元，改称民丰造纸厂。后增资至125万元，厂址位于嘉兴东门外，有工人429

人,年产卷烟纸 4700 吨。新中国成立后,民丰造纸厂等获得迅速发展,为新时期我国造纸业发展奠定了重要基础。1998 年 11 月由民丰集团公司(前身民丰造纸厂)为主发起人创立民丰特种纸股份有限公司,2000 年 6 月"民丰特纸"股票在上海证券交易所上市。

主持人:您读书时话就不多,非常沉稳,"做人踏实,做事扎实",这一点我作为同学是最清楚的。

朱在龙:这个东西也上升不到什么高度,可能与我的性格有关吧。有些人就比较喜欢扎眼、到处表现自己,这个我是不喜欢的。我天生喜欢低调,这种低调不是装出来的。低调、务实可能也跟我们是农村家庭出身有关系,也可能跟我们平湖地域的民风有关系,平湖历来是民风比较淳朴的。

主持人:平湖的城市精神被概括为"平和报本,勇猛精进",我们这个地方的人好像是有些鲜明地域特性的,比如,一般不喜欢也不太会嗓门很高地嚷嚷,吵架也很少。

朱在龙:也许是这样。

平湖中学的物理老师对我的影响也很大。他是技术人员,话不多但做事很扎实,他的做事风格对我有潜移默化的影响。

主持人:那个时候,高中生也是凤毛麟角,非常少,也非常引人注目。

朱在龙:对的,那个时候高中生很少,在一个乡办企业,高中生算是高学历了,加上我个人还是比较认真努力的,领导工厂发展的重任就逐步交到了我的手上,我被推到了前台。

当然,我决不是做了厂长就贪图享受和安逸的人,我不是这样的人。担任厂长后,我非常清楚我的任务就是带领大家拼一拼,要把工厂好好搞起来。那个时候,没有别的想法,一心想着要把企业做得更好更大,这样才不辜负领导和群众的信任,一步步都是靠着这种信念的支撑。一直到现在,我的这种精神状态没有改变过。

主持人:我们今天坐在一起回顾过去 40 年,时光荏苒,很让人感慨,但也让人高兴:在您的带领下,这 40 年景兴纸业发生了翻天覆地的变化。

朱在龙:今天景兴取得的成就,已经远远超越我们创业当初的所有想象。无论是生产规模、市场影响力,还是职工队伍、管理层素养,以及技术创新能力、环保水平、国际化战略,等等,都是我们当时所无法设想的。

主持人:时代给我们提供了很多机遇。这 40 年中,我们的朋友、同学变化也都很大,有的走进了政府机关,有的搞了实业,我是做了老师。我好奇的是,在这个过程中,您是否也有过离开造纸业另谋发展的"变道"机会?

朱在龙:还真有过这样的机会。这也是一个有意思的经历,或者说小插曲。应该是在 1995 年、1996 年的时候,那时我们企业发展已经很有起色了,我们公司在地方上已经具有一定的影响力。那时政府部门很缺懂经济、懂管理的人才。当时的市委主要领导想到了我,很认真地找我谈话,问我是否可以考虑去政府机关发展,大概是做市长助理,或者乡企局局长什么的,负责市里面乡镇企业方面的工作。我想我是搞企业的,熟悉企业管理工作,对政府管理这一套模式不太懂,而且公司这边有很多事情我还在操心,所以第二天我就婉言谢绝了。

一生做好一件事

主持人:从初创开始,您带领企业一路走来。这一路,您坚守在平湖,坚守在造纸行业,可以说是矢志不渝、初心不变,一生做好了一件事。

朱在龙：平湖确实是小地方。外面的世界很精彩，外面的世界也会有很多诱惑。我们离上海那么近，到上海发展的天地可能就比平湖更大。但平湖是生我养我的地方，虽然地方不大，但人文环境非常好，地理位置也很好，离上海、离杭州都不远。所以，外面的诱惑再大，政策再优惠，我总是坚守在平湖，没有动摇过。一些地方也曾许以优惠政策希望我们去发展，虽然我们与这些地方也有很好的合作，但我们的"家"始终在平湖。特别是，我们历届平湖市委、市政府以及乡镇、街道领导都一直非常关心、支持我们企业发展，我们当然也特别愿意立足家乡，为家乡发展作出更大的贡献。

大概15年前或者20年前，我们企业的税收贡献占整个平湖财政收入的比例较大。这些年，我们平湖经济发展得越来越好，引进的外资企业越来越多。目前，我们的税收贡献也占到平湖地方财政总收入的一定比例。

主持人：近些年，不少行业发展很快，盈利很大，可能比我们传统制造业来钱快，很有诱惑力，我看到很多传统企业纷纷跨行业发展。您有没有想过换一个行业去发展？

朱在龙：没有。我的第一份职业是造纸，学的就是造纸技术，所以我对造纸业充满了感情，投入了全部感情和力量。我是非常热爱这个行业的。

近年来，我们景兴纸业发展得比较好，资金积累比较充分，也有些朋友问我，你们为什么不搞什么新能源，或者其他一时很红火的行业。我告诉他们，隔行如隔山，跨界的风险是很大的——尽管也有成功的例子，但大多数是不成功的，或者不是很成功的。我对造纸行业很热爱、很熟悉，我把所有的资金都投在造纸行业，对这个行业的投资方向很熟悉，也很有把控能力。

人的精力，企业的精力，其实都是有限的。不能东一榔头西一棒槌。一个人一辈子能够做好一件事,其实也不是一件容易的事情。

主持人:我们国家是纸的故乡,是纸的发明地,"纸"在一定程度上可以代表我国古代的科学和文化成就。所以,您能在当今时代做好"造纸"这一件事,也特别具有价值。

朱在龙:是的,我们是现代造纸人,"造好"纸,造"好纸",是我们现代造纸人的责任,也是我们现代造纸人的光荣。

主持人:我们现在都已经接近退休年龄。过去 40 年拼搏奋斗,现在您和企业已经取得如此巨大的成功,是否应该好好歇一歇,更多享受一下生活了?

朱在龙:说实在的,我也想好好歇一歇,但歇不下来啊!怎么歇? 企业发展不允许你歇下来,跟着我的员工不允许你歇下来,国家发展也不允许你歇下来。景兴的健康发展,已经不仅是景兴的事情,也关系到我们地方经济的发展。着眼于企业能有更好的发展、职工能有更好的生活,我和我的团队仍然责任重大。前面说到,我们市领导也一直非常关心景兴纸业的发展,各级领导隔三差五到我这里调研,为我们的发展提供指导、提供帮助,一起探讨我们景兴纸业的发展。

勇立潮头敢为先

景兴纸业已经发生并继续发生惊人的跨跃。"跃"是产业、技术以及综合能力的跃升。"跃"来自"变",来自40年的不断变革,包括体制变革、战略变革、组织变革、文化变革。从乡镇企业一直到公司股份制改革,这是景兴纸业在体制上的与时俱进;从战略上说,从早年致力于技改进步,到如今的先进环保、先进工业互联网以及海外发展战略,每一步都昭示着景兴人努力前行的奋斗者姿态;从组织变革视角,在发展过程中,景兴纸业的组织结构不断再造和优化,为其战略发展提供了有力支撑;同时,以"景兴精神"引领企业文化迭代进步,景兴纸业的文化建设也独树一帜。

　　从1988年到1991年的4年时间里,朱在龙带领景兴纸业完成技改项目10个。到2000年前后,又进一步扩建10号纸机,其车速从100米/分钟提升到600米/分钟,从整个技术含量来讲,提升了一个非常大的档次。2006年景兴纸业又开始筹建12号纸机,车速达到1000米/分钟。目前,景兴纸业已经拥有具有国际先进水平的工业用纸生产线5条、生活用纸生产线5条。

放远眼光　超前布局

主持人：我很欣赏这句话："命运不是放下，而是努力；命运不是运气，而是选择；命运不是等待，而是把握。"在这40年中，您的每一次重大抉择，都为景兴发展赢得了未来。我研究了景兴纸业的历次重大决策，您的前瞻性眼光令人印象深刻。现在回过头来看，不管是"3250工程"还是10号纸机建设等等，每一次大的选择、大的转折，您似乎都有一个超前的眼光和判断。

朱在龙：作为企业的领路人，也是企业发展的第一责任人，我总是会有意识地尽量努力把问题考虑得周全一点，想得多一点，尽量谋划得超前一些，只有这样我才能带领公司向前发展。如果我固守一些观念，固守一些条条框框，公司就会固步自封，难以发展。

还有一些其他因素，就是我比较注意在决策过程中适时地借用"外脑"。我的"智囊团"或者说"顾问团"还是比较得力的。我的朋友比较多，而且都很靠谱。对一些重要问题，我会认真去征求他们的看法，很认真地听取他们的意见和建议。

主持人：善于汇聚大家的智慧，集思广益，体现了现代企业领导者的重要素养，也是企业家领导力的重要体现。

朱在龙：重要决策、复杂决策一定要汇聚大家的智慧，要善于"听"，一个人的想法总是有片面之处。比如说，我们决策马来西亚项目，我走访了很多人，反复研讨，还专程跑到北京，到国家发展改革委等部门听取领导和专家的意见建议。重要决策必须听取各方面的意见，决不能自以为是。我还会经常听取有经验的一些同行的想法，他们的想法可以提供不同的思考视角，给我新的启发。听取各方意见后，我们的决策才可以尽量接近最优状态。

主持人：当然，作为决策者，这些决策最后也还是要经过您个人的深思熟虑，您要做各方考量、各种权衡。在重大决策过程中，您的团队有没有类似"沙盘推演"的预测，预设各种可能的结果？

朱在龙：这是肯定的。每一个重大决策、重大投资，我们都认真研究，探讨各种可能的结果，有的甚至还要预测可能出现的最坏的情况：万一这个项目不成功，最坏的状态是什么，我们必须预设好，必须想清楚。

还有一点，我们投资项目采取的都是比较稳健的策略，不会脑子发热搞盲目扩张。所以，我们公司40年来，能一直比较稳健地发展。我们不是一下子就发展到现在这个规模的，我们是一步一个脚印在朝前走。

我们的基本思路，或者说是基本经验，就是凭我们自己的能力，在完全能够掌控风险的状态下，去发展、去尝试、去突破。登上一个山峰了，再去登下一个山峰。如果头脑一热，在没有一定把握、自身能力不足的情况下，对某个项目一下子投入太多资金，一下子投几亿、几十亿元，万一不成功，那么我们这个企业就被拖垮掉了。谨慎决策，在一定意义上是为了生存，只有在生存的基础上才谈得上有更好的发展。

我们从"景兴大事记"中摘录了如下内容，很好地反映了朱在龙带领景兴团队"勇立潮头敢为先"的昂扬斗志：

1988—1991年，平湖第二造纸厂扩建改造2号纸机、3号纸机。

1992—1993年，平湖第二造纸厂实施"3250工程"，奠定了以高档绿色环保包装纸为主导的发展布局。

1997年8月,景兴纸业新建7号纸机开车试机,平均日产36吨优质高强度瓦楞原纸。

1997年9月30日,景兴纸业下属子公司平湖市景兴包装材料厂创立。

2000年11月,景兴纸业10号纸机(PM10, 4 800 mm四叠网纸机)高档牛皮箱板纸项目开始动工。

2001年6月,上海茉织华、日本制纸、日本JP公司投资合作景兴集团签字仪式在平湖举行,同年8月,浙江景兴纸业股份有限公司正式设立。

2003年4月1日,随着9号纸机第一卷纸的下机,景兴纸业"纸类家族"中又添一位新成员——SAJ纱管原纸。

2006年9月15日,景兴纸业在深圳证券交易所正式挂牌上市,成为全流通时代中小板浙江企业上市第五股。

2007年1月5日,景兴纸业30万吨项目举行设备安装启动仪式。

2009年4月,景兴纸业启动沼气发电综合利用项目。

2011年3月,景兴纸业"品萱"生活用纸品牌问世。

2014年7月2日,景兴纸业参股的浙江莎普爱思药业股份有限公司股票正式在上海证券交易所上市。

2015年12月,景兴纸业年产30万吨高强度瓦楞纸项目正式投产。

2019年4月8日至12日,公司董事长朱在龙、总经理王志明等一行前往马来西亚吉隆坡进行项目实地调研。

2023年5月,景兴纸业马来西亚公司开机运行。

......

一步一个脚印

主持人：在景兴纸业 40 年发展过程中，有几个大的重要节点。包括 20 世纪 90 年代初 2 号纸机、3 号纸机的建设，1992 年之后的"3250 工程"，新世纪前后 10 号纸机建设，后来投资莎普爱思，以及投资生活用纸、马来西亚项目等。每一步都跨得比较大，每一步都助力公司在新的高度实现了向前发展。在这几个节点里，您感觉最难的是哪个？您觉得压力最大，面对最逼仄困境的是哪一次？

朱在龙：很难说什么时候压力最大。回过头来看，每个阶段都有压力，都有不一样的压力。也许可以这样说，刚开始的时候，最大的压力是资金压力，是"钱在哪里"的焦虑，在 20 世纪 90 年代初的纸机建设、"3250 工程"和 10 号纸机建设时都有这种压力。

后来的几个重要决策，压力也很大，很多是由于市场不确定性带来的巨大压力。有很多压力是来自大项目投资之后，市场预期的不确定性。尽管我们努力科学决策、审慎决策，但是投资不是 1 加 1 等于 2 的算术。项目投资了，效果是否如人意，客观上存在很多不可预测的可变影响因素。作为决策者，会面临投资预期带来的巨大压力。甚至会有"这个投入巨资的项目到底是对还是错"的巨大焦虑，这是另外一种形式的压力。

比如，在马来西亚项目建设之初，正好遇到三年疫情，这三年疫情对我们影响很大，我也甚至一度怀疑——这个项目到底投得对还是错？这是一种很大的压力。作为决策者，各种压力是无时不在的。决策的时候或者决策实施的时候，难免有各种各样的风险,有时让人很纠结。有些是潜在的风险,决策的时候你看不到的风险,在实施过程中可能会出现。

当然,总体而言,我们的决策被时间证明都是比较正确的,实现了预期的目标,这让我感到非常欣慰。

主持人:讲到"钱在哪里",20世纪90年代初,景兴在原来的基础上扩张产能,实现了一次很成功的跨越。当时资金十分紧张,景兴是怎么解决这个难题的?

朱在龙:我们早期的造纸机宽幅都很小,早期是1092 mm,都是1米多的幅宽。1990年、1991年那几年我们的2号纸机、3号纸机项目建设,宽幅就是1575 mm,虽然规模不大,但确实为我们后面的发展奠定了重要基础。后来通过"3250工程",我们上马了2400 mm宽幅的纸机,实现了更大跨越。

那个时候,我非常明白,市场发展非常快,如果造纸企业规模太小,没有一定的规模效应,就很难发展。小规模的纸厂,犹如大海中的舢板,很容易倾覆。但是,要扩大规模,我们并没有足够的资金。这就是当时我们遇到的难点、痛点。

徐俊发是与朱在龙一起成长起来的公司"元老",早年就在"二纸厂"(即平湖第二造纸厂)负责财务,2001年9月起任浙江景兴纸业股份有限公司副董事长、副总经理、财务总监。他回忆道:"我担任了比较长时间的财务经理、财务总监,为了公司发展的需要,负责和各个金融机构协调好关系,向这些机构报告公司发展信息,提出相关的需求。我刚到景兴的时候,公司只有一台宽幅为1092 mm的机器,当时公司扩展、技改,迫切需要资金。但那时和我们合作的银行很少,资金十分匮乏。后来大家一起努力,才慢慢好起来。从1996年开始,我们每年都要拜访一百来个单位,大多数是金融机构,比如国家开发银行、交通银行、世界银行之类，与银行信贷员沟通，争取银行的支持，这个过程非常不容易。"

主持人：造纸生产线项目的投资都是巨额投资。在访谈中，姚洁青告诉我，即便在 20 年前，哪怕一条十几万吨的生产线，投资最起码也要将近 10 亿元。她说，一方面是因为设备全靠进口，另一方面是环保投入高，要占到整个投资额的 20% 到 30%，这还是在当时水处理要求相对比较低的情况下。

朱在龙：是的。纸机生产线的投资都比较大，我们那时没有这样的能力。我们就开始动脑筋，设法寻找一些合作途径。我们和海盐造纸机械厂合作，他们为我们提供设备入股，我们协议三年后再返还资金。我们靠这样的方法，借鸡生蛋，投资建设了一台宽幅 1 575 mm 的纸机。因为这台纸机建设，我们的生产能力迅速提升，一年的产值很快就达到 3 000 万元，年生产能力达到 2 万多吨，年利税达到 300 万元，已经属于规模较大的企业了。在此基础上，加上我们后面推进的"3250 工程"上马，我们很快一跃成为"国家大型企业"。那时候，企业普遍规模都不大，大多数是小打小闹的工厂，年产量达到 1 万吨就是国家大型造纸企业。

春天的故事

20 世纪 90 年代初，朱在龙发现了高强度、宽门幅瓦楞原纸和牛皮箱板纸的市场空缺，造纸业发展仍有巨大潜力和广阔前景。1992 年朱在龙提出了"3250 工程"，要从原来的 1 万多吨产能，增加到 5 万吨。平湖市的很多领导，包括老厂长，都说朱在龙"这个小年轻真是蛮胆大的"：5 万吨产量，一天收购的废纸量得有多少？

多数人感觉不可想象。朱在龙顶着巨大压力力推"3250工程"项目。"3250 工程"总投资为 3 250 万元,配置两台 2 400 mm 的国产生产设备。1994 年 1 月,PM5 (2 400 mm 圆网多缸纸机)投入运行,生产各种牛皮箱板纸,两台新设备使得企业产能一下子突破了 10 万吨大关。1994 年,仅这两条生产线就让平湖市第二造纸厂实现销售收入 8 000 多万元,利税 1 200 多万元。之后,企业很快进入"国家大型企业"行列,迅速成为造纸包装业界的后起之秀,奠定了以高档绿色环保包装纸为主导的发展布局。

主持人:我们都知道,1992 年邓小平的南方谈话,在我国改革开放史上具有里程碑意义。决定公司命运的"3250 工程"就是在那个时间段上开始建设的。您认为这是一种时间上的巧合吗?

朱在龙:也许是巧合,但也不完全是巧合。我们前面说了,我们景兴的发展,离不开时代大背景。邓小平南方谈话发表后,我们国家开始向市场经济转型,有了我国改革开放"春天的故事"。整个 90 年代,是民营经济发展最快最好的时期之一。

这个时期,景兴纸业也迎来了我们发展"春天的故事"。

1990 年后,尤其是南方谈话发表后,随着国家市场经济的迅猛发展①,社会对于纸制品的需求量持续扩大,包装纸等一度成为紧缺资源。当时,有一个我们现在无法想象的情形:我们生产出来的纸,出现了供不应求的盛况,人家排着队来采购——不像现在我们要到处去推销产品。看清形势后,我们下决心再配置两

---

① 南方谈话发表后,实行社会主义市场经济成为共识。1993 年,我国修改宪法,规定国家实行社会主义市场经济;1999 年宪法确认"个体经济、私营经济等非公有制经济是社会主义市场经济的重要组成部分"。

台 2400 mm 的大型造纸机器,进一步扩大生产规模,提高企业竞争能力。

在公司发展关键时期的 1991 年,朱在龙在出差过程中经历了一次惊心动魄的水上交通事故。徐俊发告诉我们:"在 1991 年的时候,朱董因公乘船和另一艘船严重相撞。那时正是'3250 工程'筹建时期,朱董乘船前往德清一个纸厂洽谈业务,遇到了严重的水上交通事故。朱董头部严重受伤,住院很长时间。但他仍然时时关心公司的事情,我每天下班去看望他,他也会认真听取我的汇报,了解公司的发展动态。"

在整个访谈过程中,朱在龙自始至终没有提及此事。在访谈结束后的一次交流中,我主动问及此事,他轻描淡写地告诉我:"这个事件,差一点点就要了我的命!"

1991 年八九月,当时纸厂的销售形势很好,上海市场已经成功打开,公司迫切需要寻求更多的外部合作方以满足市场需求。朱在龙和当时的副厂长高金法坐车赶往德清一家企业。这家厂位于京杭大运河边上,交通非常不便,依靠水上交通。车子到德清新市后,要再坐半个小时的快艇走水路才能到达。朱在龙一行两人一直工作到晚上 8 点多,才披星戴月往回赶。返程时,在黑乎乎的河面上,高速行驶的快艇与一艘同样快速行驶的大马力运输船发生严重碰撞。在即将发生碰撞的一刹那,快艇驾驶员急打转弯,两船仍急速碰撞,坐在船尾的朱在龙几乎被甩出快艇,头部重重地撞在船沿上,当场昏迷过去,不省人事。

"当时船上只有驾驶员和我们两人,如果快艇翻了、沉了，后果不堪设想。"朱在龙回忆道，"我一直到第二天早上6点钟左右才在新市镇当地的人民医院恢复一点意识，我在医院昏迷了9个小时左右。"第二天，朱在龙被转到嘉兴第二人民医院，仍然是昏昏沉沉的状态，脸都肿着，"到第三天脑子才稍微有些清醒"。那时候，嘉兴的医院都没有CT设备，"后来，我被送到苏州人民医院拍了CT，之后又到金山石化医院拍了一次。在治疗过程中，我幸运地遇到了一位第二军医大学毕业的高水平的脑外科主任。即便情况危急，这位主任仍竭力主张采取保守疗法。我隔壁床位的一个脑外伤病人脑颅开了刀，在我离开医院时，他仍然神志不清。"朱在龙说。

当时，医疗资源匮乏，保守疗法急需的进口药物都要从香港空运过来，费用巨大。曹桥乡党委书记也心急火燎地赶到医院，请求医院尽全力抢救和治疗，"钱我们一定会承担"。为了给脑颅消肿，"有一段时间，我的双脚、双手都同时挂着盐水"。

一如过往，朱在龙平静地向我描述了这一惊心动魄的事件。

主持人：对于还是乡镇企业的景兴来说，这是一笔很大规模的投资，资金问题怎么解决？

朱在龙：是的，20世纪90年代初要投资3000多万元，在当时来说，这是天文数字。大多数人感觉这个投资多少有点"疯狂"，甚至是天方夜谭。

说来也巧，就在我们下决心扩大再生产的时候，海盐的一位主要领导调到平湖来担任我们的市委主要领导。这是很巧的，你想呀，这是海盐来的领导，我们又跟海盐的造纸机械厂保持着良好合作，所以，他就特别理解我们的想法。有一天，这位领导来我们公司调研,我向他汇报了我的想法和打算。之后,他很快非常明确地答复我:经过研究,对于我们的投资计划,平湖市委和市政府都将给予大力支持。这个项目,我们获得了政府的大力支持,才有条件比较顺利地实现项目的融资。这就是我们公司"3250工程"的来历。这个项目总共投资了 3 250 万元,配置了两台 2 400 mm 宽幅的国产造纸设备。因为这个工程上马,我们的产量一下子突破了 10 万吨大关。这个建设规模,在当时全国范围的造纸业,都应该算是一件令人关注的大事情了。

主持人:那时您也才二十七八岁,这么大手笔的投入,还是很有胆识和谋略的。

朱在龙:对,我那时就是二十七八岁,血气方刚。很多人觉得你一个小年轻,敢向银行贷款 3 250 万元,胆子、魄力够大。其实,我只是看清楚了发展方向,认定了国家发展的趋势,认定了纸业发展的光明前景,我才敢放手去"搏"一下。这个"搏"不是没有依据的,依据就是市场经济发展这个大的战略环境。

"3250 工程"之后,我们的产能基本上又翻了一倍。2 400 mm 纸机的成功运行,给了我们很大信心。之后,我们陆续建设了不少项目,整个企业的生产规模不断扩大,企业知名度也不断扩大。

1997 年,朱在龙在《乡镇企业发展成功经验浅谈》一文中写道:

回顾前几年企业发展的历程,先是依靠集体农业的原始积累,企业得以创建,以后建立一些小项目,又依靠企业自身积累资金、银行信贷资金、横向拆借资金,企业得以扩大规模、不断发展。进入 90 年代后,随着企业和社会经济的高速发展,企业发展所需的资金严重短缺。如何冲破资金短缺的束缚、正确合理地筹措资金和使用资金,以占用少量资金来换取更多的社会财富,成为企业发展面临的迫切问题。资金是乡镇企业生产经营活动的"血液",造纸工业对资金的依赖是不言而喻的,投资 3250 万元的大项目,相当于一个计划单列市的技改审批额极限。投资一个万吨纸厂的碱回收工程,尚不知有无经济效益,但从决策评价结合各种因素来确定,经过平湖市第二造纸厂领导精心策划,大家是心中有数的。

"3250 工程"投产成功,为企业树立了具有转折意义的里程碑。步入 1995 年,二纸厂在获得前所未有的发展机遇的同时,也面临着更大的挑战:原料、能源等价格大幅度上涨,竞争不断激化。市场日益规范,加上国营企业的苏醒(适应性日益加强),深潜着一种紧迫感和危机感。在对原 6 条生产线进行技术改造初见成效的时候,为了使企业能大幅度扩大生产规模,二纸厂领导自加压力,行情看好的涂布纸板项目在"3250 工程"试制投产成功后,自然又提上了企业有序规划的议程,在"早"字上做文章,早落实计划,早安排资金,早开通项目。从元旦考察到投产,仅花了 9 个月时间,就完成了年产 1 万吨涂布加工纸项目建设,总投资为 500 万元。由几次技改、扩建项目的高科技性能和巨大的生产能力,推动了企业向外寻求联合途径。以联合促规模,精心构筑"高起点投入,大规模生产"的发展格局。完成第二期"高频节能"技改项目,建成了生产加工、销售进口造纸原料公司,建造热电厂、改造废水处理系统、1 号纸机改造转产扑克牌芯纸等等,企业的规模越来越大。在激烈的市场竞争中,规模生产已显示了初步的效果。1995 年企业创产值 2.5 亿元,利税 2 111 万元。①

20 世纪 90 年代中期,着眼于明晰企业产权、激发企业活力、促进地方经济发展,国家鼓励各地开展乡镇企业改制探索。1996 年初,经浙江省计经委、省体改委以浙计经企(1996)30 号文批准,浙江平湖市第二造纸厂改组成立浙江景兴纸业集团有限公司。景兴纸业朝着现代大型造纸企业发展迈出了坚实的一步。

主持人:1996 年 1 月,平湖市第二造纸厂改制设立浙江景兴纸业集团有限公司。我感觉"景兴"这个名字挺好:积极、阳光、有正能量。这个名字有什么特殊含义吗? 是不是与我们平湖美丽的景色有关系? 是春天故事中的"春景",还是有什么其他特别的故事和含义?

朱在龙:"景兴纸业"这个名称已经有近 30 年历史了,现在大家都感觉很贴切、很亲切。但实话实说,当初起这个名字还真的没有想那么多。我的基本想法是,名字里面要有"欣欣向荣""积极向上"的意思,就感觉"景兴"两个字挺好。现在看,也确实是个很好的名字。景,可以说是我们平湖的美丽景象,也可以说是我们这个时代欣欣向荣的景象。兴,则更多是兴旺,我们产业的兴旺,我们国家的兴旺。

主持人:这个名字,有最朴素的一些期望和愿望。与我们积极向上,或者说"向上而生"的精神状态是契合的。

朱在龙:对的,但我们不是刻意的,还是有点拍脑袋拍出来的感觉。

---

① 朱在龙:《乡镇企业发展成功经验浅谈》,载《包装世界》,1997 年第 5 期。

做强才能活下来

主持人：景兴的发展并不是一帆风顺的，可以说也是一路发展、一路风雨。20世纪末发生了东南亚金融危机，对景兴肯定也有不小的影响，那时您有没有"山雨欲来风满楼"这样的压力？

朱在龙：1997年、1998年的时候，东南亚发生金融危机，我们企业经历了严峻考验，但还是幸运地生存了下来。现在回过头来想想，也是惊心动魄。

我们造纸是高成本、高投入的行业，发展过程中对资金投入的要求非常高。1998年东南亚金融危机，我们缺资金，借不到钱，经营上有很多困难。那时候，大概是因为环保政策收紧等原因，政府对我们的态度也不是十分积极。为了缓解资金困难，我们甚至一分半、两分的利息都要去借，现在想想，这种做法的风险是非常大的。事实上，你们也可以看到，东南亚金融危机的时候，很多企业撑不下去倒掉了，大都就是因为这一关过不了。

幸亏我们品质管理做得很好，幸亏我们及早推行了ISO9002质量体系等建设，我们的产品品质比人家高一些。特别是，我们的产品可以替代进口，可以用于出口包装。我们有了这两个优势之后，销售倒是没受什么大的影响。当时，很多企业的产品都卖不出去，我们至少还可以卖出去，至少还有钱进来，资金还可以回笼，企业的血液仍然可以正常流动，才活了下来。

主持人：金融危机之后，景兴做出了许多重大决定，包括谋划上市、推进10号纸机建设等，这些都是在世纪交替的前后。在我看来，跨入新世纪，景兴纸业也发生着战略性的重大转折。

朱在龙：金融危机之后，我们研究决定必须进一步地扩大规模，提高企业在大风大浪中生存、搏击、抗压的能力。1999年，我们开始考虑配置更大幅宽的 4 800 mm 宽幅造纸机。4 800 mm 纸机需要 3 亿元人民币投资,大约是当年"3250 工程"投资额的 10 倍!

与此同时,当时各地的乡镇集体企业都面临改制,市里也要求我们推进企业改制工作——要从乡镇企业改为民营企业。我们是 1998 年开始进行改制的。

也就是在那时,我们开始策划更大规模的设备投资。我明白,我们眼睛必须朝前看,只有企业做大了,我们才有能力引进更优秀的人才,才能实现更高质量的发展。企业规模小,优秀人才很难引进。人才需要合适的平台。没有人才支撑,企业迟早会被淘汰。无论从哪个角度讲,做大做强是企业活下来的唯一办法。只有前进才能胜利,阵地靠守是完全守不住的。也是基于这个考虑,我们策划引进 4 800 mm 的宽幅纸机。

这项投资带动了我们景兴在资本市场上的发展,对我们上市也产生了重要影响,所以,也可以认为是我们景兴 40 年发展历史过程中重要的战略转折。

主持人: 10 号纸机(PM10)又是数亿元的投资。尽管您说景兴采取稳健的投资策略,不盲目快进,但如果仔细复盘,其实每一次投资都也面临一些短期风险。所以,当时大多数人并不是那么支持的,反对声音也不小,您为什么就这么坚定?

朱在龙: 在 10 号纸机酝酿的时候,我们既面临资金困局,也面临市场困难。大家有很多担心,这也十分正常。很多人跟我说,过去 10 来万吨市场消化都很困难,现在又要翻个跟斗,再增加 10 万吨产量,是否能够找到市场,这是有风险的。反对的声音不是一点点。但是,我坚定看好市场,我感觉我要冒一点短期的风险,去换来长期的发展。不能因为战术上的暂时困难,影响战略上的长远选择。

2000 年底,我们的 10 号纸机高档牛皮箱板纸项目开始动工建设,2002 年年中,开始正式运行,成为公司发展新的"增长极"。这台纸机的设计生产能力为年产 15 万吨,产量一直十分稳定,现在年产可以达到 20 多万吨,是我们公司的"功勋纸机"。

这些都发生在新世纪前后,确实是很有意义的。新世纪,我们一下子就跨出了很大的一步,或者说关键的一步。10 号纸机的成功投产,是我们景兴纸业规模适度扩张策略的成功范例。

2001 年 6 月,景兴纸业与上海茉织华、日本制纸、日本 JP 公司战略投资合作协议签字仪式在平湖举行。2001 年 8 月 28 日,浙江景兴纸业股份有限公司成立仪式暨第一届股东大会及董事会、监事会在浙江景兴纸业集团总部举行。

引进战略投资者

主持人:现在看,10 号纸机建设是完全正确的选择。但是,项目建设需要巨额的投资资金,您是如何解决,或者说如何破局的呢?

朱在龙:跨世纪前后,我们还做了一件大事,就是寻找战略合作者。企业要发展,单靠我们自己的力量,靠原始资本积累,靠我们自己的人力资源、人才资源,单枪匹马,景兴纸业朝前走是很困难的,或者说几乎是不可能的。着眼于扩大规模后的健康发展,我们开始引进战略投资者。现在看来,我们是做了一个非常正确的决定。2001 年 6 月,我们与上海茉织华、日本制纸、日本 JP 公司的投资合作正式签约。

主持人:为什么会选择这三家战略合作伙伴?

朱在龙:我们引进了两家来自日本的战略投资者。这两家

勇立潮头敢为先

企业是日本制纸株式会社和日本纸张纸浆商事株式会社(日本JP公司)。我们引进日本企业作为战略投资者,看重的主要是它们先进的技术和管理理念。日本这方面发展比我们国家快了50多年。我们引进的日本制纸株式会社是日本最好的造纸企业,是世界500强企业。引进的主要目的是利用它的先进技术、先进的管理理念,而日本纸张纸浆商事株式会社是日本最大的纸张纸浆贸易商,通过它能够了解世界上一手的纸制品交易情况,同时,这些企业可以为我们提供优质原材料。

在国内,我们引进了另一家战略投资者——上海茉织华股份有限公司。我们引进上海茉织华,主要是考虑它的融资能力,它深厚的银行背景和影响力。景兴纸业与这三家战略投资者共同组建了浙江景兴纸业股份有限公司。景兴纸业的企业性质又一次发生了重大变化、重大发展。这个转型对于促进我们的发展起到了重要作用。我们后来的发展也逐步水到渠成。

现在看,这个决策还是很正确的,很大程度上解决了我们当时面临的两个发展瓶颈问题:技术与资金。

因此,如果一定要说哪个决策对企业发展起了最重要的作用,我感觉还是新世纪前后的公司改制,引进战略投资者。改制为股份有限公司,这是我们景兴纸业发展历程中的一个关键性、根本性的转折。

主持人:现在有个时髦的说法叫"战略重塑",引进三家战略投资者,我感觉就是景兴纸业发展的战略重塑。当时这种大胆决策,有没有政府力量或者政策因素的推动?

朱在龙:没有。当时完全是由我们自主设想、谋划和推进的。我平时除了看书,还喜欢看新闻,重点了解把握国家经济发展方面的信息。看清国家形势,紧跟发展形势很重要。那时,资本市场刚起步,有几家国有公司已经上市,国家经济发展步伐很快,有些百舸争流的感觉。

我越来越强烈地感觉到,企业要获得进一步发展,单靠自身的盈利扩大再生产,靠自身力量扩大规模,速度太慢,可能跟不上造纸业发展形势的需要。景兴要发展,一定要进入资本市场,进入股市融资才有条件做得更大,靠我们原始资本的滚动发展,可能永远走不出低水平发展的态势。前面我们讲到,造纸机投资建设资金量都非常大,我们的机器动辄上亿元。例如我赚了1000万元,就只能投1000万元,对于造纸业来说,几乎没有办法持续发展。这个道理非常简单。一旦公司上市了,我赚了1000万元,按照10倍的PE值,我就可以投1亿元。只有这样,我们的发展速度、我们的机器设备建设才能处于相对领先的位置。

所以,在1999年前后,我们下决心要在资本市场上市。

2006年9月15日,景兴纸业(股票代码:002067)在深圳证券交易所挂牌上市,公司注册资本119 392.883 5万元。景兴纸业成为全流通时代中小板浙江企业上市第五股,也成为平湖本地第一家上市的民营企业。

上市之路

主持人:景兴的上市,从20世纪90年代末开始筹备,到2006年证监会核准,这个过程很漫长呀。

朱在龙:是的,上市我们大致经历了8年的时间。这是很漫长的一段时间,也是一个艰难曲折的过程。

这个过程非常容易让人焦虑。甚至,在最困难的时候,我曾跟一位领导说,感觉自己"走上了一条不归路"!

主持人:很巧,我在访谈平湖市原市长马邦伟时,他提到了您说的这句话。马邦伟是这样跟我说的:"景兴上市路很坎坷,除了股改申报需要政府的多方协调,老企业在曹桥的发展受限需要易地规划建设,在土地资源稀缺的情况下这不是件易事,再加上时逢证券制度的三次改革,漫长艰辛。记得当年在龙对我说了句话,'我走上了一条不归路'!"

朱在龙:确实是漫长艰辛啊!刚开始的时候,公司上市是有指标的,必须等指标下来才能申请上市。所以,我们就着力先把事情做好,做扎实,指标下来我们就立即着手推进。后来,我到北京去了解情况,了解到申请通道很快就要放开,不再需要有指标,只要券商推荐,符合条件的公司都可以申报。得到这个信息以后,我迅速布置推进公司上市准备工作。我们花了很大精力,整整一年多时间,几乎天天围绕这个中心在开展工作。到 2002 年,我们完成了申请上市的各种材料。报送材料送到证监会的时候正好遇到"非典"疫情,我们开车去北京送材料,大家心里满怀期待。记得是 5 月,"非典"最严重的时候,一路上都没什么车。我们在 2004 年 5 月 31 日就通过了中国证监会的审查。但是好事多磨,那些年,中国资本市场进行了许多制度性改革,结果又拖了两年。在这个过程中,每次国家公司上市制度发生变化,我们申请程序就要重新来过,我们的材料就要重新做一遍。这个过程可谓艰难、复杂,不亲身经历是很难体会个中滋味的。

印象最深的应该就是在证监会审核前这段煎熬的时间。虽然通道是自由的,但当时国家在这方面口子收得还是很紧,一些国企上市都很难,民营企业上市更难,审查也十分严格。

如果上市申请不被通过,那么负面影响可能马上就会来,银行可能撤贷,公司可能面临生死考验,有些细思极恐的感觉,这真的是煎熬。那个时候,我甚至会想,这一步到底做得对还是错?特别是在 2004 年 5 月 30 日晚上,我整个晚上都没睡,证监会审核委员会要审核,还要我去汇报 45 分钟时间。短短 45 分钟,在一定程度上决定我们的命运,很煎熬,睡不着觉……我心里甚至想:早知这样遭罪,当初何必要走这一步棋呢。

2006年9月15日,证监会核发批文,景兴纸业获得股票发行资格。

主持人:公众看到的是敲钟一刻这光鲜的一面,谁都不会想到过程是如此不易。当时的答辩还顺利吗?

朱在龙:当时我们整个团队准备了好几个礼拜,大家的压力都大得不得了。大家都很紧张,睡不好觉,就怕被问到的问题你没准备过。感觉45分钟事关公司发展前途,似乎成败在此一举。你要把所有的问题梳理一遍,不能答错,更不能前后矛盾。在45分钟有限的展示时间里,先要介绍一下自己的企业,有什么优势,核心竞争力指标如何。接下来就是问答环节,回答专家的提问。

专家们看材料是非常仔细的。我记得当时被问到一个问题:他们从招股书中发现,我们写的是"美废"(美国废纸)价格是不断攀升的,但我们准备的材料里是"美废""价格平稳,略有涨幅"。这个不一致的表述都被专家看出来了。人家就直接问"美废"价格到底是什么状态。我又复述了一遍,结果人家说你自己看招股书是怎么写的。后来发现,是证券公司在编写招股书的时候不仔细,有所疏漏。我们以为已经讨论好的话题,肯定改好都写进招股书里了,所以也没有仔细审核。回答完这个问题后,我心里是咯噔一下的。当然,现在想想,这还不是原则性问题,是表述的严谨性问题。如果真的出现重要信息前后矛盾、信息不实,那问题可就大了,有误导投资者的嫌疑。

当然,也有专家在现场就比较友好,认为像我们这样一家企业走到这一步不容易。

主持人:我平时看新闻也了解到,一些企业因为上市不成功,结果衍生出不少问题来。

朱在龙:是的。如果上市不成功,会有各种可能的后果。我们看到有的企业从此慢慢走下坡路,个别企业甚至破产了。当然,破产的原因有很多,不完全是不能上市造成的。

在这个上市的过程中,公司上下要付出不少心血,这个过程中还要开展其他一些项目建设。如果最终无法顺利上市,公司的发展规划势必要受到较大的影响,企业发展的通道就可能变窄了。

主持人:答辩通过了。在景兴纸业取得卓越成绩的今天,在我们继续向前突破的当下,我们再回顾一下这段历史,回顾走过的关键的每一步,也特别有意义。

朱在龙:答辩结束后不到一个小时,就宣布我们被审核通过的结果。当天晚上在证监会网站上就可以查到了。我们是上午答辩的,获知结果后,团队都很兴奋,这是企业发展的一个重要里程碑。中午大家就喝酒庆祝,晚上继续庆祝。努力总算有了回报,大家都如释重负。

但第二天早上醒来时,我的脑子里还是一片空白,我还在想:万一不通过怎么办?这是惯性的焦虑。

主持人:完全能理解这种感受。努力总会有收获,所以我们经常说,越努力越幸运!不过,很多时候我们真的需要很强大的抗压能力。

朱在龙:是的,我们还得调整心态。这是一个学习的过程。心态一定要好,内心一定要强大,不然的话真的要崩溃的。很多上市企业都受过类似的煎熬,简直是一步登不了天就要下十八层地狱,感觉命运掌握在人家手里,这个过程非常痛苦。那个时候,证监会审核不通过的情况非常多,基本上通过率只有60%左右,很多企业因为上市资料准备不充分、不完整,或者自身的发展方向、目标定位、发展趋势不明确,审核专家们看不到企业有持续发展的潜力、能力,自然就容易被"枪毙"了。审核专家卡得很严,我想,也只有这样才能保证市场的健康发展。

主持人：公司上市，应该也是改变我们景兴命运的重要转折。上市后给公司带来了哪些改变？

朱在龙：上市对公司发展带来的积极影响当然是非常多的。最重要的就是公司有了相对充足的资金支持，能支持公司持续、健康发展。公司获得更多的财务支持，可以用于扩大业务和增加投资。这种新的市场机会和资金支持，将帮助我们实现更多的梦想和目标。我们十多年来的许多重要项目，比如生活用纸项目、马来西亚项目等等，都需要巨额投资，这些项目也都只有在景兴进入资本市场之后才有机会和可能。

当然，还有其他方面的好处，比如，上市后我们将得到更多人的认可和关注，这也为景兴纸业提供了一个更好的展示自己的机会，让更多人了解企业的文化和价值观，同时，投资者的审查、监管机构的审核、媒体和公众的舆论压力，也能帮助我们更好地合规经营，促进公司核心竞争力得到全面提升，更好地履行企业的社会责任。

没有危机感就是最大的危机

主持人：公司作出重大决策的时候，您是把风险都考虑进去了。纵观景兴纸业 40 年的奋斗历程，您一直居安思危，即便在企业发展状态非常好的时候，仍然能保持居安思危的状态。您经常引用哈佛商学院理查德·帕斯卡尔教授的名言——"没有危机感就是最大的危机"。您在一篇文章中说："'没有什么比昨天的成功更加危险。'这一警句越过岁月的废墟，至今仍在我们的耳边回响。"

我想知道的是，这种危机意识，是一种市场客观存在的危机四伏的状态使然，还是您与生俱来的性格使然？

朱在龙：两者都有些关系。当然，更多可能与我的性格有关吧！我平时考虑问题往往想得比较多，作为董事长，也总是有很多事情需要我去考虑、去处理。所以，我的睡眠质量也一直不是很好。

我的基本看法是，只有具有忧患意识，并在此基础上奋力向前，企业才能稳定生存和发展。做企业，就必须天天想到危机。不是我们喜欢在口头上讲危机，而是必须真切地意识到危机的存在。不管你讲不讲危机，危机都是客观存在的。客观规律告诉我们，形势好的时候你必须要预想到可能出现的不好形势。就像大海的潮水，肯定会有潮起也会有潮落。

2017 年，在《制高点下的危机意识》一文中，朱在龙写道：

"没有什么比昨天的成功更加危险。"这一警句越过岁月的废墟，至今仍在我们的耳边回响。唯有忧患意识，才能永久生存。对任何一个企业来说，不管是常年立足岗位的一线员工，还是技术力量领先的中流砥柱，或者是"战功卓著"的企业领导，如履薄冰的危机意识都不可或缺。强烈的危机意识能使员工们以主人翁的姿态让公司保持源源不断的发展动力。发展意识与危机意识，孤立起来都是缺点，都会造成企业发展的片面性，但它们结合起来就构成一个企业可持续发展的必需。如果说企业发展是刚，危机意识是柔，那么，只刚不柔便成脆，只柔不刚便成软，刚柔并济才是韧。

从一定意义上讲，只有牢固树立危机意识才能最大可能地避免危机。在这个竞争激烈的时代，尤其是像我们这种正在大数据时代和市场整合中谋求脱胎换骨、转型升级的传统企业，保持危机意识就显得越发重要。因此,要求我们不断变革创新、充满活力,建立淘汰机制,强化考核力度,激发基层的饥饿感、中层的危机感、高层的使命感,进而影响我们的求进意识,在思维里推动我们的改革意识。

昨天的辉煌不见得就是今天的资本,今天的赢家也未必就是明天市场角逐中的王者。在全球化的视野中审视我们面临的形势,可谓忧在眼前,患在脚底。直面现实,我们应该清醒地认识到行业的重重危机与处处机遇,认识到物极必反的规律,踏准市场的节拍,需要我们有突破性的想法并做好前瞻性的战略规划,不要让鲜花掌声湮没了危机意识,不要让成绩数字掩盖了存在的问题。

眼前的繁荣已是强弩之末,形势反复的拐点何在?这一场造纸行业的春天,温暖得出乎意料,同样地,也会冷得让人猝不及防。环保安全的推进,小企业的关停,废纸进口政策的加严,各种纸张经历了疯狂涨价,销售价格已逐步回归正常状态,接下来整个行业必将进入理性发展和竞争的时代。那时,谁能收放自如,谁就可以胸有成竹。①

主持人:认识规律、敬畏规律很重要。

朱在龙:是的。当然,"危"的时候也有"机",这也是规律。

从一定意义上讲,只有牢固树立危机意识,才能最大可能地避免危机。在这个竞争激烈的时代,在市场千变万化中谋求脱胎换骨、转型升级的企业,尤其像我们这样的传统企业,保持危机意识就显得越发重要。

---

① 朱在龙:《制高点下的危机意识》,载《景兴报》,2017 年第 11 期。

主持人：特别是现在市场竞争十分激烈，有些行业真的可以用"大浪淘沙"来形容。景兴的发展从表面上看，或者说从总体上看应该还算是比较顺利的，您怎么会悟出这个深刻的道理来？在实践当中，怎样去不断克服"看不到危机"的这种危机？

朱在龙：船在大海航行，也许表面还风平浪静，但水面下一定暗流涌动，没有一刻你可以高枕无忧，稍不留神就会出现大问题。如果平时没有危机意识，当问题发生时你就没有及时的反应能力、应对能力。您刚刚提到的哈佛教授还讲过另外一句话，他说"没有危机感，所以你才会身处危机当中"，我认为这一句话非常具有哲理上的高度。

这些年，我们常在新闻媒体中看到一些企业，平时没有危机意识，似乎万事太平，风平浪静，用不了多少时间就可能会出问题。有些企业很大，最终也失败了。特别是，投资失败的例子比比皆是。

主持人：有的学者认为，悲观论者会更多强调"危"，乐观派则更多强调"机"。但在您这里，我发现危机意识并不是一种悲观论调，因为您并不是悲观论者。

朱在龙：我绝对不是悲观主义者。相反，我是看好未来并切实将其付诸行动的积极行动者。我们一直强调要有危机意识，要有危机感，而所谓的危机感，不是让你整天愁眉苦脸、一筹莫展的样子，而是要求你对市场、外界环境保持敬畏，要有一种警觉，一种内心的自觉，想着可能演变和发生的问题，坚定朝前看、朝前走。危机也许并没有发生，但这根弦一刻不能放松。所以，讲危机感，不是悲观的表现，恰恰相反，是为了公司更好、更健康地发展。

因此，我的理解，危机感也可以说是努力向上者的专利。每天都感觉有危机，就会有一种时不我待的精神，有一种只争朝夕的勇气，我们才能不断地前进，也才有今天景兴的发展。即便是今天,我们仍然有危机感,仍然要在危机感中求生存、求发展。

为此,我们不断变革创新,建立淘汰机制,强化考核力度,激发基层的饥饿感、中层的危机感、高层的使命感,激发我们的求进意识,推动企业不断发展,创造未来!

2020 年初新冠病毒感染疫情肆虐,朱在龙在《在危机里主动出击,在困境中奋勇拼搏》一文中写道:

新年伊始,一场病毒席卷了中国,原本就不明朗的经济形势无疑更是雪上加霜、火上浇油。在公司 30 多年的发展过程中,有一个普遍又有趣的规律:每年在年终总结、分析形势时总会说一句"明年形势依然很严峻,市场竞争依然很激烈"。但是纵观我们的数据,与 5 年前、10 年前、20 年前相比都是爆炸式地在增长。所以,我们从来都是突出重围,在危机里生存下来,在危机里发展壮大起来的。

危机是劫难还是机遇?可怕的不是危机本身,而是在危机面前我们如何冷静沉着地思考分析,如何在危机里获得主动。在危机中历练了很久的我们,已经具备抵御病毒的抗体,已经学会自我鞭策、自我治愈。

经过几年的内部深化改革,我们的内功已基本稳扎稳打,接下来我们要以"归零"的心态,自我加压,负重拼搏,变不可能为可能。内练苦功,我们要更加系统深入地去开展各项工作,深化落实各项改革;外拓市场,我们要调整产品结构,用差异化的产品开拓新市场;以人为本,我们要加大人才培养力度,承上启下,打造一支年轻化、专业化和知识化的干部队伍;正风肃纪,我们要营造风清气正、求真务实的工作作风,保持企业健康、良性地运转;提高企业站位,全员上下必须与公司的目标方针保持一致,形成变"要我干"为"我要干"自发主动的工作状态,众志成城,只争朝夕,以强大的自愈能力抵抗外界的风吹雨打,以强大的造血能力在危机里化被动为主动,在中小企业哀鸿遍野的悲鸣中实现浴火重生。

每一次的大波折都会重新洗牌,这是历史的铁律。伟大的企业都是在寒冬中诞生的,虽然有自欺欺人、雕琢粉饰的嫌疑,但也有红肿之际艳若桃花,溃烂之时美如乳酪的可能。猪肉暴涨让人造肉有了"可趁之机",病毒来袭让线上购物线下配送的同城物流遇到了空前的发展机遇。危机中我们仍然可以看到蕴含的商机,适者生存的法则依然适用,提早应对还是坐以待毙,是我们每个人都要考虑的,所有的困境都是来自因循守旧,世界瞬息万变,不能裹足不前,积极寻求改变才能掌握主动。①

主持人:我注意到,2001 年任正非写了一篇《华为的冬天》②的文章,里面写道"十年来我天天思考的都是失败,对成功视而不见,也没有什么荣誉感、自豪感,而是危机感"。看来,如履薄冰的"危机感"是做企业的人的"命"。我们经常说刚柔相济,在我看来,如果说企业发展是"刚",危机意识是"柔",那么,只"刚"

---

① 朱在龙:《在危机里主动出击,在困境中奋勇拼搏》,载《景兴报》,2020 年第 1 期。

② 任正非:《华为的冬天》。2001 年,他在文章中写道:公司所有员工是否考虑过,如果有一天,公司销售额下滑、利润下滑甚至会破产,我们怎么办?我们公司的太平时间太长了,在和平时期升的官太多了,这也许就是我们的灾难。泰坦尼克号也是在一片欢呼声中出的海。而且我相信,这一天一定会到来。面对这样的未来,我们怎样来处理,我们是不是思考过。我们好多员工盲目自豪,盲目乐观,如果想过的人太少,也许就快来临了。居安思危,不是危言耸听。参考 https://baike.baidu.com/item/%E5%8D%8E%E4%B8%BA%E7%9A%84%E5%86%AC%E5%A4%A9/6324950?fr=ge_ala。

不"柔"便成脆,只"柔"不"刚"便成软,"刚柔并济"才是韧。您的危机感,我感觉也可以理解为一种敏感性,这么多年在市场摸爬滚打,磨炼出了一种对市场的特殊敏感性。

朱在龙:也许是吧。我有一个思考习惯,就是人家跟我说"一"的时候,我会考虑到"二",甚至更多。这有点像下棋,每走一步棋,我都要考虑后面的好几步。这就是我们常说的,凡事预则立,不预则废。做任何事情,事前有准备就可能成功,没有思想准备贸然朝前走,就可能失败。所谓的"思想准备",就包括来自危机感驱动下的积极的应对方案。

所以,我们公司以前常会有这样的情形:一旦某个已经被我预见的问题发生后,人家有时候也会跟我说,"呀,老板你太高明了!"其实不是我高明,而是我的危机意识比大家强烈一些,想得更多一些、更远一些而已。

对于市场,我们是无时无刻不保持警惕的。你必须根据市场变化随时作出调整、进行应对。而且,对市场风险的判断,说实话存在很大的或然性,谁敢说每一步都看得准的? 这就需要决策者的敏感性、敏锐性,也要有较强的承压能力,要有压不垮的勇气,做打不死的"小强"。

主持人:作为一个企业,我们潜在或者现实的危机主要来自哪些方面?

朱在龙:一言难尽。从大环境上说,企业面临的危机,最大、最终的危机感来自市场。面对瞬息万变的市场,我们常常如临深渊,如履薄冰。市场有的时候确实让人感觉深不可测,大意不得。

企业内部的危机,往往折射的是企业内部管理问题。关键是企业的运行系统、制度体系要完备,管理体系有执行力、控制力,就不会出现很大的问题。这一点,我们公司长期以来做了大量的努力,打下了扎实的管理基础,对此我们是很有信心的。我们有相对完备的管理规则体系,比如要动用多少钱以上,都必须通过董事会讨论以及相应的签核程序,等等。

我一直要求管理层要有敏感性,要有对事态发展的洞察力,要有预见能力。比如,我眼前这个杯子放在桌子,杯子倒下破碎,表面上可能就是水倒在了桌子上,但也可能损坏桌子的面板、桌子上的重要文件资料等。平时想得多一些,才能防患于未然,才能有比较好的应对预案。一旦出现问题,我们应急预案就能及时响应,公司这艘大船也才能行稳致远。

2022 年 11 月 12 日,朱在龙在公司会议上说:从某种意义上说,一个企业面临的最大危机也许来自公司的中高层干部——如果干部缺乏危机意识,这将成为企业面临的最大问题,干部缺乏责任心,是企业内部最大的威胁。执行公司制度和要求,不应只是在会议上口头承诺,而应在实际行动中避免推诿和敷衍。这就是我们过去说的,一旦正确路线和方针确定后,干部就成为关键的决定因素。中高层干部能够自觉地深刻理解外部市场的严峻形势,并主动、积极寻找突破方式,那么公司面临的外部的"危"才可能变成发展之"机"。当前市场环境复杂,既存在社会风险也蕴含机会,关键在于我们领导干部需要以积极主动的态度去应对这些挑战。领导干部的责任感和激情是至关重要的;缺乏这样的激情甚至不愿继续奋斗,将直接威胁到企业的健康发展甚至生存。[1]

主持人:这 40 年来,造纸行业竞争其实还是很激烈的,我们

---

[1] 朱在龙在景兴纸业传达学习贯彻党的二十大精神暨正风肃纪专题会议上的讲话,2022 年 11 月 12 日,录音稿。

景兴能够有这样的持续健康发展,殊为不易。

朱在龙:40年来,我们看到太多的企业被淘汰出局了。真是看人家高楼起来,看人家大厦倾覆,教训太多了。所以,这种危机感更多是"被迫的",是风风雨雨的市场一直在教育我们、提醒我们。

我们造纸行业的生存空间,相对而言,其实一直是比较狭窄的,空间并不大,我们在一条非常狭窄的通道中突破、前行。比如,早年发展过程中往往面临资金、技术等问题,特别是由于容易出现污染方面的问题,一些政府部门对造纸业发展也一直是有所顾虑的,甚至一些地方并不鼓励造纸业的发展;此外,现在的劳动力成本高,我们的用能成本也高,我们废水处理成本比一般的其他企业高了很多。我们的环保投入比较大。近年来,同业竞争日趋激烈。我们这个造纸产业,从一定意义上说,也是在夹缝里求生存。我们需要时刻保持警醒!

> 2022年11月,朱在龙在《坚持刀刃向内,勇于自我革命》一文中写道:
>
> 于公司而言,改革是一场刀刃向内的自我革命,尤其是对我们这样30多年的传统制造企业来说,有之则为"硬核",缺之则成"硬伤"。我们改变不了外在环境,只能改变自己去适应环境的变化,才能赢得主动权。大世之争,非优即汰;崛起之时,不进则退。面对公司改革发展的诸多难题,我们要少一些"雪拥蓝关马不前"的踌躇,多一些"风卷红旗过大关"的果断,不忘初心,砥砺前行。
>
> 于各级管理层而言,自我革命需要你们眼睛向下,聚集向上的灵气;身段向下,汲取向上的志气;脚板向下,踏稳向上的底气。沉下心来用情用力,扑下身子履

职尽责,善于总结思考,善于笃定钻研,用"聚室而谋"的勇气直面改革,用"固不可彻"的锐气应对复杂局面,以"叩石垦壤"的志气开拓创新,锻造敢打必胜的血性胆气,坚持以上率下的优良作风,把目标刻在心上,把执行视为铁律,把担当作为自觉,切忌私心太重,切忌格局太小,切忌抱怨太多,坚守底线,转变观念,守正创新,负重拼搏,沉下心来,取得突破。

于每个人而言,自我革命带来的不是成功而是成长。当你勇敢跳出舒适圈去拥抱新变化时,就往期许的人生迈进一大步。不要被懒惰控制,不要再荒废时光,要去钻研有意思的领域,不断提升自己的实力和才华。人生最大的压力来源是怕压力,当你相信自己能面对事情时,一切忧虑都将消失,你终会发现,事情并不棘手难办。因循守旧没有出路,畏缩不前错失良机。人若是更新不了自己,就只能在守旧和重复之中迷惑。如果你不努力,一年后的你还是原来的你,只是老了一岁;如果你不去改变,今天的你还是一年前的你,生活还会是一成不变。有梦想的人睡不着,没梦想的人睡不醒,请相信:越努力,越幸运!①

---

① 朱在龙:《坚持刀刃向内,勇于自我革命》(节选),载《景兴报》,2022 年第 11 期。

向精益管理要效益

"如果执行和运用这些现代制度的人,自身还没有从心理、思想、态度和行为方式上都经历一个向现代化的转变,失败和畸形发展的悲剧结局是不可避免的。再完美的现代制度和管理方法,再先进的技术工艺,也会在一群传统人的手中变成废纸一堆。"①

　　在景兴纸业 2022 年度群团工作总结表彰暨正风肃纪工作会议上,朱在龙说道:我们要善于向客户学习,不断改善经营管理。通过优化管理,将我们的制度、规定、流程与先进企业、跨国公司接轨,确保即便是调动几个关键人员,各个部门依然能按照既定制度运行。这就是制度的力量。要清楚地认识到,优秀的企业管理不仅能降低成本,增强公司的生存能力,还能培养出一支卓越的团队。这样的团队能够随时部署到各个方向,应对不同的挑战。②

---

① 参考英格尔斯:《人的现代化》,四川人民出版社 1985 年版。
② 引自朱在龙在景兴纸业 2022 年度群团工作总结表彰暨正风肃纪工作会议上的讲话,2022 年 6 月 29 日,录音稿。

不要让意见箱空着

主持人：科学的企业管理，对于提高企业效率，发挥企业潜能等都极为重要。我研读景兴发展资料，我们这方面的实践，给我留下了很深的印象。景兴早在 20 世纪 90 年代就开始了这方面的探索。

朱在龙：这当然是特别重要了。离开科学的企业管理，一切都无从谈起。再好的市场环境，再先进的机器设备，如果没有良好有序的科学管理，企业同样无法获得持续健康的成长。企业管理，实际上是促进企业向现代化转型的核心环节。美国有位心理学家叫英格尔斯，他在讨论"人的现代化"时讲过一句话，我印象很深，大致意思是说，如果没有人的理念、思想、行为方式等转变，任何先进的机器可能成为废铁一堆。我理解，现代企业管理的主要目的就是促进整个企业实现"人的现代化"，在这一基础上，促进企业的全面现代化。

长期以来，我们推进科学管理、推进精细化管理。我们很早就通过了 ISO9002 质量管理体系认证，先后通过了六大管理体系认证，之后我们整合形成了 13 大管理模块，有很多创新实践。在精益生产等先进管理方法上，我们做得还是比较靠前的，有很多鲜活的经验。

主持人：我们这方面的成功实践，促进了景兴实现从传统企业向现代企业的转变。走进厂区、走进车间，我们就会对这方面的改革成果有切身感受，感觉一切都井井有条、严格有序。我要问的问题是，我们造纸企业的企业管理，与其他类型的企业管理相比，是不是有它的特殊性，或者说有特殊的管理难度？

朱在龙：是的，造纸企业的管理会相对复杂一些，要求会更高一些。现代造纸业实际上是一个非常复杂的系统工程,需要多学科综合运用,需要综合运用流体力学、机械、电力、化工、生物,还有通信、环保处理等一系列学科的原理和技术,在这个过程中又涉及复杂的企业管理、人才管理等问题,还涉及很多法律、政策方面的问题,方方面面综合起来,才能形成一条完整、科学的造纸生产链、管理链,才能造出一张高品质的纸来。

所以,台湾地区造纸行业有一句俗话,讲得很生动:你做得好市长,不一定做得好造纸厂厂长。它形容的就是造纸厂管理的复杂程度。

> 1999年的《景兴管理宣言》写道:大喊"民主管理"而没措施充其量是一张白条,空挂意见箱而无配套的行动只能是一种摆设,而管理的强化仍需务实和全员的参与改善。艾科卡曾说:如果要激励下级,你得善于听取他们的意见,寻常企业和卓越企业的差异恰恰在此。一次投诉,一次建议恰是解决问题的一次机会。现公布《合理化建议管理制度》……目的:加强上下之间的沟通,鼓励全员参与管理,吸收、采纳和解决各方面的意见和建议,进一步提高公司的生产管理水平,提高经营管理效率和质量。……每两天由企划部专人对建议进行收集,并予以登记、编码,对建议合理性做初步评定,决定是否受理,除有利于采取管理措施以外的意见和投诉转交工会进行调查处理。……任何部门和个人无权干涉、阻止他人提出合理化建议,不得隐瞒合理化建议,不得对提出意见和投诉者打击报复。①

---

① 《管理宣言:不让意见箱空守》,摘自《景兴报》,1999年第4期。

主持人：我特别注意到，我们景兴有很好的民主管理传统，这在民营企业中并不多见。我注意到，您早在 90 年代就鼓励职工提出合理化建议，并积极奖励提出合理化建议的职工。

朱在龙：是的，我很早就奖励提出合理化建议的职工，记得当时有人写信给我提出合理化建议，我觉得是很好的建议，立即给予了鼓励、奖励。后来，我们提出"不要让意见箱空着"。

一个企业要发展好，必须让人说话，说自己的心里话，要鼓励大家围绕企业发展目标、大的方向以及各种具体问题，提出意见和建议，哪怕是批评。这既是一种管理制度，也是一种管理文化，或者说是企业文化，这种文化也会产生巨大的生产力。

近几年，在民主管理实践基础上，我们还运用互联网技术，整合资源设立了一个一体化的合理化建议平台，并制定了相应的奖励机制，应该说，效果非常好，每天都有员工提出不少很好的建议。我们在管理过程中，基本实现了全过程的民主管理。

我一直要求大家重视这个平台，我们必须放在心上，而不是形式主义地作秀。

早在 2005 年 9 月，朱在龙在《不要只做我告诉你的事，请做需要做的事——给全体员工的一封信》中写道：

只要你是我们的员工，你就拥有我们的许可：为我们共同的最佳利益而积极主动地行动。在任何时候，如果你感觉到我们没有做对事情，没有做对我们大家都有益的事情，请明白地说出来。你拥有我们的许可：有权在必要的时候直言不讳，陈述己见，提出你的建议，或者质疑某项行动或决定。

这并不意味着我们必定会认同你的看法，或是必然改变我们现有的做法；但是我们将始终倾听，在你看来什么将有助于更好地实现我们所追求的成效和目标,并在这一过程中创造一种自助、助人的成功经验。

如果你想寻求对既有工作程序的改变,你必须先努力了解既有的工作流程是如何运作的(及其原因)。先努力尝试着在既有的体系下开展工作,但如果你觉得这些体系需要改变,那就毫不犹豫地告诉我们。①

主持人:您说得非常对,这是一种文化。这种文化既有利于企业形成凝聚力、向心力,也可能会转变为实实在在的生产力。

朱在龙:一个人再聪明、再能干,他个体的思维、能力、想法都是有一定局限性的。任何人不可能永远是对的。俗话说,众人拾柴火焰高,对于同一个问题,不同的人可能会站在不同的角度去考虑。不同的看法中,有些是恰当的,有些可能欠妥,或者不是很正确,但都会提供给我们思考问题的新角度。不同的意见建议,哪怕是错误的意见建议,也会提醒我们在决策过程中要注意哪些方面的问题。必须综合考虑各方面因素,各方面的意见和建议,再决定采用或不采用某个方案,作出合理科学的判断。

2022年初,景兴纸业"问题上报管理平台"正式上线,这个平台具有流程操作简单、电脑端移动端双模式、上报问题涵盖范围广等特点。"问题上报管理平台"还加大对问题上报和问题处理人员的积分奖励。②

---

① 朱在龙:《不要只做我告诉你的事,请做需要做的事——给全体员工的一封信》,载《景兴报》,2005年第5期。
② 《公司问题上报管理平台正式上线》,载《景兴报》,2020年第3期。

民主作为管理艺术

主持人：有的决策您和您的团队已经作出判断，可能未必需要征求太多的意见，为什么您还是坚持要让大家广泛讨论？这样的讨论，仅是程序性的需要，还是确实有其必要？

朱在龙：这是一个很好的问题。前面我们讲过，民主决策当然不仅仅是走形式，民主讨论有利于我们改进决策。我们也会开会，大家民主讨论，会上有些人会提出问题、顾虑，我就耐心解释问题，解释我们在决策中遇到的问题，或者改进我们的决策方案。

但有些时候，民主既是民主程序的需要，更是一个领导艺术的问题。也就是说，有的事情不经相关会议讨论程序也可以作出决策，我们已经有了决策方案，但我们还是组织开个会充分讨论，我们是尊重大家想法的，也更期待在讨论中获取更多共识。这个时候，民主成为一种领导的艺术。

有的决策，哪怕我已经下了决心，程序上未规定一定要做很多讨论，但我还是主张在各种会议上加以讨论，要让大家把针对性的意见讲出来。我的意思是，总是要想办法争取大家都能理解我的想法，一个决策再正确，如果大家始终无法理解，那也是有问题的，按照现在的说法，就是"执行力"会大打折扣。要像毛泽东主席说的那样，支持我们的人越多越好。否则，一个决策再正确，但是你只管埋头推进，消极力量就会汇集起来，大家心里都没有想通，口头上虽然不说反对，但是内心可能消极对待。甚至，他们心里可能会想，"反正都是你老板的主张，你老板自己在盯着，我们就不管了，我们也不用负责任"，形成那样的局面就麻烦了。

主持人：民主，有时候是作为管理艺术，通过这样的民主程序获取"最大公约数"，获取最大的共识。这个时候，民主成了凝聚力量的途径。民主理念、民主作风、民主制度在一定意义上体现着一个企业管理者的领导力。您的这个说法对我特别有启发。

朱在龙：所以，我感觉有时候企业管理中的讨论，是程序问题，也是方法问题，我们可以从民主讨论中获取不同信息，这有助于我们更好地作出决策。而很多时候，民主也是领导艺术的问题，或者说，我们的民主程序更多是用来统一思想的，比如，大家都要无条件支持创新，不管老字辈、小字辈，在创新问题上必须一致，讨论的目的很简单，就是大家都来支持创新。

民主管理也有限度

主持人：企业管理中民主与集中的关系问题，是企业管理中争论不休的话题。民主是否意味着集中就不重要？您是如何处理企业民主管理和您作为企业掌舵人的决策权之间的关系的？

朱在龙：当然，也有很多时候，特别是涉及企业发展大方向问题时，公司主要领导要敢于担当，企业领导人也要有独立判断，不能人云亦云，不能随大流。在听取、汇总不同的想法后，我会注意到这个项目在执行中确实会面临一些问题，但我可能会从更高视角、更宏观和战略上去考虑这个项目。

在景兴发展过程中，有些项目大家疑虑较多，但我认为还是必须执行下去。那么，这个时候我就要"担肩膀"了，承担决策风险。这很考验我的"方向感"，要判断是否涉及企业发展的方向性问题，或者说是企业发展的大是大非问题。如果我综合考虑判断"是"，这个时候，我也会坚持己见，哪怕反对声音再多，我也会坚决往前推进。这是我作为企业领导面对的压力和风险，也是我应该有的担当和责任。如果我退一步，也许风平浪静，一切波澜不惊，但是也就没有了发展，景兴也就可能没有现在这么好的发展机会和成就。

主持人：我理解，您作为企业领导人要把握的是"时"和"势"，即把握好社会经济发展的大背景、大趋势。

朱在龙：我感觉，看清大势，这是企业主要决策者应该有的素养和能力。所谓"审时度势"，就是这个意思。

在我们景兴发展史上，公司有不少重大决定，我坚持了，最后成为公司的意志。这个时候我要非常清醒：如果有人有意见，在会上就应该充分地发表意见。在充分发表意见的过程中，我要求每个参与者必须参与讨论，不能打折扣，需要充分地发表意见，反对意见、各种意见都是可以说的。很多时候，这些意见未必左右我的决定，但是我希望听到相同或者不同的声音。

董事会这个机制特别重要，董事会上大家充分讨论，形成基本一致的观点。会议开过了，作出决定之后，就不能在会后到处乱说，不能搞得人心涣散，否则企业就会出问题。如果你有什么意见和问题，为啥会上不说?!

主持人：决策和执行是两个层面的事情。决策定了，就是执行的事情了。没有团队良好的执行力，再好的决策也无法实现其预设目标。

朱在龙：所以，不管决策的争论有多大，决策一旦定了，形成决议，就要成为全公司成员努力的方向，不能再三心二意、说三道四。大方向定了就是定了，不能以所谓的民主，去影响企业重大决策的实施。决策之后，剩下的就是如何执行、如何推进的问题。当然，执行的方式、方法、方案，还是可以民主讨论的，有一个不断优化的过程。

主持人：企业管理与社会管理有很大的区别。企业家对企业发展负有更大的引领、推动责任，企业发展不可能事事都要讲民主，企业管理中的民主似乎更有其限度。可不可以这么说，企业管理在充分民主的大前提下，有些环节需要"不民主"？

朱在龙：凡是涉及决议的执行，不可以在讨论时说"不可能"，不能打折扣。凡是决定了的事情，就要狠抓执行力，这也是基本要求。

领导者需要民主，也需要强势，企业管理不可能所有问题都拿出来讨论半天的。民主是有限度的，不是越多越好；很多问题，等你没完没了地讨论完了，黄花菜都凉了，市场机会都没有了。就像打仗一样，很多时候需要领导者的果敢。

有的重大决策，涉及企业发展的大是大非问题，就不能任由内部消极观点蔓延。在我们景兴纸业发展过程中，在很多重要节点上，公司很多人都认为"到这一步已经很好了""差不多了""往下发展太累了"，有很多人产生要在功劳簿上躺平的想法，感到我们已经有钱了，还要折腾什么。我们很多人确实有这种小富即安的想法。对这样的观点，不能任其发展。

比如，我们前面讲到的"3250工程"，10号纸机建设工程，等等，我们都是必须上的，但当时很多人看不到这种必要性。很多人跟我讲，企业发展已经很不错了，赚的钱也不少了，差不多就算了吧。

还有，上市，当初我下决心的时候，下边的人大多数认为难度很大，可能性不大。要不是我坚持，这个计划可能很早就搁浅了。

此外，我们"走出去"，到马来西亚去投资也是这样，也遇到了很多不理解。但作为企业领导，我心里考虑的东西会更多一些，着眼于发展，也是着眼于更好地生存。

下重大决定有时候很难。对我来说也是一样。但我还是要有意志力去下这样的决定。有的时候主要领导需要有宏观视野，要有定力。

主持人：可不可以这样理解您的上述观点：在充分发扬民主的基础上，必须有集中，不能只有民主没有集中。在坚持不懈鼓励创新、坚定不移执行决议等大是大非原则性问题上，没有商量的余地,要"不民主"。同时,企业发展到一定程度,有小富即安的想法也很正常,要用"持续创新求发展"这个方面的"不民主"来抵制小富即安的躺平思想。

朱在龙:是的,不能满足于小富即安,不能停止在现有的水平,企业要有目标、要有追求,要有不断朝前走的精神状态,否则,景兴纸业就不可能有"今天";如果今天大家都躺平了,我们也不可能有"明天"。

就造纸业而言,特别是在前期发展过程中,我非常清楚,不发展就没有出路。景兴纸业努力追求世界造纸工艺的前沿技术,努力实现跨越式发展,这是毋庸置疑的。

早在1995年,朱在龙就在《注重技改发展规模经济》一文中写道:

要弘扬艰苦奋斗和求实精神,迎难而上,同舟共济。解放思想,敢为人先,走出封闭状态和孤立地位,把企业推向大市场,坚持"发展才是硬道理",超越自我,克服小打小闹、小进即满、安居中游的农村小生产意识;打破"同行皆冤家"戒条,扩大开放,重视广泛的交往和交流,加入到行业性的信息、技术、质检等各方面的服务协调中去,共同提高,共同繁荣行业经济。①

ISO9000 体系认证

ISO9000质量管理体系是由国际标准化组织制定,用于组织进行质量控制的一套科学管理体系。质量管

① 朱在龙:《注重技改发展规模经济》,载《包装世界》,1995年第3期。

理体系的认证可以完善内部管理,使质量管理制度化、体系化、法治化,提高产品质量,并确保产品质量稳定性,有利于企业发展外向型经济,扩大市场占有率,提高产品的市场竞争力。

主持人:景兴在企业管理上,很早就进行了一系列改革。早在1996年,景兴纸业就在全国造纸、包装行业中率先通过了中国商检质量认证中心 ISO9002 - 1994 质量管理体系认证。之后,又实施了很多精细化管理模式。

朱在龙:我是比较早接触到日本造纸企业的,应该说一开始多多少少受到了日本企业管理模式的影响。我的深切认识是,一个企业,尤其是有一定规模的企业,如果不推行现代企业制度,不去采用先进管理制度,这个企业肯定做不到最好,一定走不远。老板再能干,也不可能每一件事情都亲力亲为。你必须考虑到,在你不亲力亲为的状态下,企业如何保持较好的运行状态?很多事情你必须授权,这个时候,如果没有一整套科学的管理体系、管理制度,这是难以想象的,企业不出事情才怪。

所以,一定要把先进的管理理念引进来,把先进的管理制度架构建立起来,在这个框架里大家按照各自的分工去运作,整个企业的发展才会越来越好、越来越顺。

1997年,朱在龙在《乡镇企业发展成功经验浅谈》一文中,谈到了当年推进 ISO9002 的一些情况:

随着中国恢复关贸总协定缔约国地位的日益迫近,及国际市场对合格评定的要求越来越高,在生产管理上,也存在着基础管理薄弱,技术的迅速扩张与管理脱节,造成干部职工凭经验去管理,用习惯做法去控制质量的毛病。这些问题的存在,严重地阻碍了生产的发展。而国际、国内纸张市场严峻的形势与企业相对落后的管理现状，形成了极大的反差。因此，改变这种状况，提高企业内部的整体素质和管理水平，是厂领导一直关注也是迫在眉睫的工作。而贯彻 ISO9002 标准，按标准的要求建立健全企业质量体系，正是"二纸人"实现这一目标的最佳选择。ISO9002 所体现的系统的观点、全面的观点、联系的观点以及不断自我完善使品管体系持续有效的功能，使它富有哲理，令人信服。ISO9000 认证是企业成为合格的国际供应商的最好资格证明，面对国内众多的认证机构，通过充分的了解和慎重的选择，在 1995 年 5 月向中国商检浙江质量评审中心申请认证。

决心一旦下定，关键在于行动，一场前所未有的"上下动员，全体培训，抓管理，重质量"的活动，在企业内部全面开展起来了。通过聘请上级部门的指导教师上课、培训和现场指导等形式，编制了包括质量保证手册、程序文件、工作规程和质量记录等一整套的质量体系文件，并将重点放在质量文件的行动落实上，把握"该说的要说到，说到的一定要做到"这一精髓，使企业内的所有质量情况都有据可查，有章可循，置产品质量于全面、长期的有效监控状态，使全厂干部、职工达成共识，职责明确，加强了以协调为主的紧密型横向管理。1996 年 10 月，公司的 ISO9002 质量保证体系正式通过认证，成为全国造纸行业率先通过质量保证体系认证的企业，标志着公司产品是在纳入质量保证体系全面长期有效受控下生产的；标志着公司的质量管理已步入标准化、规范化和科学化的轨道，与国际惯例接轨，获得客户的信任。

这无疑将大大增强企业的活力和市场信誉。①

主持人：我们经常说，质量是企业的生命。管理体系建设搞得好有助于提升景兴纸业的产品质量，使其更具有竞争力。"优秀的管理"和"优质的产品"，它们互相之间关联的逻辑是什么？

朱在龙：当时我们产品质量管理体系建设的目的就是全面的质量管理。

市场具有很强的鉴别能力、选择能力。打个比方，在没有标准体系的时候，你把这个产品，比如一个杯子送到人家面前，而人家觉得有用，就买你的。但在竞争时代，是三个、五个不同生产厂家、不同设计款式、不同制作工艺的杯子放在一起向买家展示，不同厂家、不同管理水平下生产的产品品质不会是一样的。人家一定会买具有现代化统一标准、高质量的杯子，而不会去买设计和制作水准以及包装质量都很低劣的杯子——市场是有很强的甄别和选择能力的。产品差异反映的实际上也是企业管理能力的差异。有"优秀的管理"，才会有"优秀的队伍"，也才会有"优质的产品"。

> 在 2022 年 11 月 12 日的公司会议上，朱在龙强调：客户是我们产品品质的最终检验者。除非产品一直放在仓库里，一旦产品出售给客户，任何质量问题都会被立即发现并被充分反馈过来。因此，必须严格要求，严把质量控制各个环节，避免将问题产品送到客户手中。事实上，产品质量问题不仅关乎产品质量的声誉，也直接反映一个企业的管理水平，客户能从接触的产品中感知到一个企业的管理水准，如果问题产品多，这也在一

---

① 朱在龙：《乡镇企业发展成功经验浅谈》，载《包装世界》，1997 年第 5 期。

定程度上反映这个企业内部管理的混乱。①

主持人：ISO9000体系建设对我们景兴纸业实现向现代企业的转型，打下了重要的"软实力"基础。

朱在龙：是的。ISO9000是一套完整的质量管理体系。我们比较早就开始ISO9000管理体系建设，并顺利获得中国商检质量认证中心的认证。这在全国造纸行业中是比较早的，具体我记不清了，应该是全国造纸行业中的第二家。后来，我们又开展了很多领域的体系认证工作，包括环境管理体系、职业健康安全管理体系、能源管理体系等等②，各个方面的管理体系也越来越完善。这些管理体系的不断完善，为景兴走向现代企业奠定了重要基础。

主持人：这是很有眼光的战略举措。但是，如果我们把时针拨回到20世纪90年代，当时很多人对管理体系建设连基本概念都没有，而且还是一个乡镇企业，那么是基于什么原因，下这么大的决心来开展这项工作的呢？

朱在龙：当时，这是一套刚从国外引进的管理模式和制度，属于很新的理念和管理方法，还没有在全国推广。现在很多企业都熟悉这个管理体系的认证了。我们刚开始推行这个体系的时候，很多人确实连基本概念都没有。

我当时到处去听课，听各种讲座。有一次我参加了杭州的一

① 引自朱在龙在景兴纸业传达学习贯彻党的二十大精神暨正风肃纪专题会议上的讲话，2022年11月12日，录音稿。

② 景兴纸业于1996年率先在同行业通过ISO9002质量管理体系认证，2002年通过ISO14001环境管理体系认证，2014年通过OHSAS18001职业健康安全管理体系认证，2015年通过GB/T23331能源管理体系和FSC®森林体系认证，2018年通过两化融合管理体系认证。公司以六大管理体系为基础整合形成13大管理模块，形成了具有景兴特色的"金字塔"管理模式。引自 https://www.zjjxjt.com/strength。

个学习班,听了两次相关内容的课程后,觉得这是个很好的事情,回来后我们就下决心在公司坚决推进实施。

我们当初推进 ISO9000 体系建设,其实也没有想那么远。出发点多少还有点功利色彩:通过这个质量体系认证把好质量关,与此同时,可以获得国家商检局颁发的出口商品替代生产许可证,我们的箱板纸就可以名正言顺替代进口,用于产品的出口包装等。当时,商检局给我们发的出口商品替代生产许可证是一年期的临时证,我们的产品在一年内可以用于出口包装;国家商检局规定,没有通过 ISO9002 体系认证的,第二年就不能继续换证。要换证,就必须通过 ISO9002。也就是说,不去推这个体系,很多业务就没有办法开展,这也是一个大的压力,所以,也可以说是在没有办法的情况下逼着我们去开展这个体系建设。

我们推了整整两年,最后终于通过了中国商检总公司的质量体系认证。现在看来,体系建设的实际成效远远超越当时预设的目标:一方面,可以尽量减少一些人为因素,大家都按照正常的管理程序、管理规范的要求做了,质量就容易管控好;另一方面,管理体系建设改变了企业文化,提升了企业的运行品质。

2002 年,景兴正式获得 ISO14001 环境管理体系认证证书。ISO14000 环境管理体系是国际标准化组织继 ISO9000 质量管理标准后推出的又一项国际管理标准,这两个标准体系对全球经济发展、技术交流、贸易具有重要影响,受到各国政府、企业的广泛重视。

大家习惯"开无轨电车"

主持人:对于景兴而言,推进 ISO9000 体系建设是非常了不起的一步。因为景兴纸业脱胎于乡镇企业,一直在平湖曹桥发展,很多职工都是本地的农民工,相对还是比较散漫一些的。我们向现代企业转型,客观上应该有不小的难度。

朱在龙:在这一体系推进过程中,我们确实遇到了特别大的阻力。在管理体系实施前,我们的工人都是农村来的,很多事情没有定规,没有良好的行为习惯,随意性很大。大家都习惯了没有制度约束的环境,不少人特别是一些老员工习惯"开无轨电车",习惯了自由散漫。现在,制度绳索一套上,一切都要规规矩矩。所以,开始时大家确实都很不习惯。

不仅仅是普通职工抵触,我们的班子成员也有个别人抵触,大家认识上不统一。事实上,我们当时的班子成员也大多是曹桥这个地方的嘛,一开始大多数人都不习惯。

主持人:班子成员思想不统一,这件事情的推进就比较麻烦了。

朱在龙:是的。大家多少都有一种"小富即安"的想法,感觉景兴已经发展得很好了,还要费这么大的精神去搞这东西干什么呀?

客观上说,体系建设本身又是一件很复杂的事情,各个方面都有相应的制度要求和工作程序。程序很复杂,要求各领域、全流程的行为规范。比如,天天要文字记录,每天都要开例会,要通过纸质材料填报相应的信息,要不断学习制度文件,工作理念和方式、方法都要有比较彻底的改变。所以,阻力特别大。当时我们请ISO9002体系建设的辅导老师来上课,很多工人完全不愿意听,听不进去。大家感觉很枯燥,内心很抗拒。

还有,实事求是地讲,当时我们推行体系建设也可能会触动一部分人的既得利益,这里说的"既得利益"当然不是说你拿了什么好处,而是指管理中的一些"便利",比如,有时候管理涉及自己的亲戚什么的,他的分工、任务分派就可能不公平,等等。

不换思想就换岗位

主持人：管理体系建设涉及公司大局，要成功推行，需要公司上下密切配合，特别是需要管理层的积极支持。

朱在龙：我们从班子开始统一思想。同时，我指派戈海华为管理者代表，秘书鲁富贵作为体系建设的具体执行者，各个击破，强力推进。他那时虽然年纪很轻，资历也很浅，但他是我的秘书，身后有我，底气就足了。

我们是下了决心也动了脑筋的。我们主要做了两件事情。第一，是要找到一个有效的"突破口"。我们看各个部门，哪个部门的人积极性最高，就先从这个部门开始。管理部当然会有积极性，我们就先从管理部开始推进。第二，我们采取类似"高压"的政策，用强力推进。有时候，我也会亲自出马，和有抵触情绪的职工谈话，明确告诉他们，如果不换思想就得换岗位，"这个工作一定要推广，任何人都不能阻拦"。这不是威胁，而是告诉他们这项改革举措对公司发展的重要性。我告诉他们，谁阻拦 ISO9000 体系建设，谁就是在阻拦景兴的发展。我们是用强力才推行下去的。

当然，尽管已经达成共识，但是要持续推进下去，难度也确实很大，特别是因为干部职工的文化素质参差不齐。那时候，公司职工基本上都是我们同一个乡的人，大家下班以后还要在田里做农民的，工作之余都还要种地，很多人的心思在自己家那一小块田地上，还不一定在厂里。确实，很多人是以农民为基准点去思考问题的，小富即安、自给自足就很满意了。这些职工要花很大力气去学懂弄通 ISO9000 体系的规则，要花很多时间去理解ISO9000 体系里的精华。要扎扎实实贯彻落实 ISO9000 体系确实是难度很大。他们有些人也不是主观上不愿意,而是客观上文化程度不高,读不懂规则文件。所以,也遇到有的职工、干部急得拍桌子。当然,大多数职工是小学毕业,还是有一定基础的,所以还可以往前一点点推进。

主持人:有些看上去很难的改革举措,如果不去努力推动的话,也可能就此作罢了;但真的去推,也就推下去了,大家慢慢习惯了,制度效应就出现了。很多社会进步就是这样实现的。

朱在龙:是的。在这个管理模式转型过程中,还有一个重要因素是,随着时间推移,年纪比较大、文化基础相对薄弱的工人和领导都从一线退下来了,等到带来阻力的老同志慢慢退了,这项制度的推行就越来越容易了。

公司的老职工太多,资格都很老,会对改革创新形成阻力,甚至可能导致政策推行不下去。在这一改革过程中,我们正好招收了很多大学生,我们很快意识到这些新生力量对于推进这项改革的重要性。他们有文化,能接受新事物、新观念。于是我们就有意识地把他们分配到各个部门领导身边,协助领导去开展这些工作。这是一个急不得也慢不得的工作。经过上上下下的努力,才慢慢推动起来的。现在想起来,真是一个很艰难的过程。对这种难度,很多人有记忆,我想,当时的秘书鲁富贵的体验是最深的。

主持人:我们在访谈公司副总经理鲁富贵时,他也很感慨。在体系认证通过之后,您好像奖励了他1万块钱,那时候这可是一笔"巨款"呀。

朱在龙:对的。我们的ISO9000体系建设努力了一年多、近两年的时间,最后成功通过体系认证。认证机构派来的7位审核验收专家都很认真,也十分严格,他们都是国家级的管理专家,是五星级评委,有的好像为日本丰田公司等服务过。他们在我们公司验收了三天,含金量很高。在推进过程中,我们每个项目、每个子项都请专家先过来辅导。在验收过程中,浙江省商检局的一位副局长亲自带队过来验收,先逐个单项验收,验收完之后再综合验收。

因为景兴是浙江省造纸行业第一家通过认证的企业,所以认证通过之后省商检局还为我们开了新闻发布会。我们是较早通过 ISO9000 体系建设的,至少在浙江省民营企业中是第一家,当时只有寥寥无几的四五家企业通过这一认证,比如国有大企业杭州汽轮机厂等。

找准摇摆者

主持人:在我看来,推进这项工作,实质上是要找出那些具有现代意识的人。我感觉您非常善于找出公司里具有本土化现代意识的那批人。

朱在龙:对,因为在一片反对声中也有不反对的,也会有具有一定积极性的人。发现那些您所说的"具有本土化现代意识"的人其实不难,公司那么大,肯定有几个人或一些人,是能够接受比较超前理念的。一项重要举措推出之后,总是左、中、右都会有,其中有不少摇摆的人。在这个过程中,特别是要找准摇摆者,做好他们的工作。

主持人:您是在企业管理中,活学活用毛泽东同志的统一战线思想了——努力得到最多的支持力量。

朱在龙:毛泽东思想非常深刻,很多思想对我们企业管理也有很好的指导意义。

我们开始分类思考,相关的部门要罗列出来,要甄别清楚才有行动的方向。就像毛泽东在党的七大上讲的,目的是"团结一致,争取胜利"。找到最有力的支持部门和支持者,就是找到改革动力的源头。比方说,我们的品管部最头痛、最关心的就是产品品质问题,产品质量出了问题,品管部首先要承担责任。而我们当时推的 ISO9000,实质上就是我们国家全面质量管理的翻版,我们引进的是欧美的质量控制标准和一套管理规范。围绕控制质量这一核心,整个公司的管理体系、工作流程、工艺流程、采购流程、销售服务流程都要标准化,这样才能够全面地把质量管控起来。也就是说,由质量管理引申出来的一套标准、规范,一切都是围绕质量这个中心,所以品管部是首要的受益者,当然也成为最积极的支持者,成为我们这次改革的重要推进力量。

主持人:车间主任支持这项改革吗?

朱在龙:公司各车间主任的情况比较复杂,他们在一定程度上支持这项改革,因为一旦质量出了问题,最终也会倒查到车间。所以他们也关心、支持这项工作。但是,车间主任对改革的顾虑还是比较多的,一方面随着体系建设深入,他自己也要受到很大的制约,不习惯了。另一方面他们也想,你这个体系搞好了,我车间主任的工作量不就减轻了很多嘛。所以,车间主任属于摇摆力量。你需要的是给他指明方向。只要指明了方向,他是愿意去贯彻你的意图,愿意朝前走的。

管理部肯定是我的左膀右臂,是改革最重要的推动力量。后来,我干脆就把我当时的秘书鲁富贵调到管理部去当经理。鲁富贵到了管理部之后,整个管理部的力量就往一起使,一心一意要把这项工作推动起来。

　　在访谈中,鲁富贵告诉我们:"朱董勇于放手,乐意培养年轻人。但我当时怕做不好,压力是比较大的。我就向老师傅、同行请教和交流。其中,一位老师傅教我怎么锻炼气场,发言讲话时声音要大,声音大,慢慢地心就安了。那段时间,我晚上天天加班,编写文件,也没有参考资料。白天要做大量访调。后来为了让大家尽快熟悉了解文件，就在厂子隔壁的中学，每天晚上加班加点给员工开展持续了两三个月的培训。这为大家后来逐渐成为公司骨干打下了坚实基础。这次体系认证完成后，后续的认证也变得简单了。"①

企业行政部门阻力最大

主持人：对这次改革中的反对力量，你们研究过吗？

朱在龙：其实，大家可能想不到，反对最多、阻力最大的反而是我们的行政职能部门，比如说，我们的销售部、采购部、财务部等部门。行政部门认为"我们的手脚直接被捆住了"。所以，刚开始的时候，我先从生产这一端推起，销售部、采购部后来再逐步跟进。其实，对销售、采购、财务也有相应的标准规范要求，如客户售后服务的规范，销售的产品推广要求、服务标准。过去，销售形势好，销售人员有点朝南坐的感觉：你来买，我就卖给你。就是一个卖东西的概念，其他没什么别的理念、制度、流程，什么售后服务啦，什么要去推广这个产品，产品性能、产品优势在哪里，他们未必能讲清楚，也不需要讲清楚。

同时，不规范也可能造成一些"寻租"空间。规范之后，销售端也要按照标准规范来，过去可能的"好处费"就没有空间了。采购也是一样。采购过程甚至可能更随意，都是卖方打来电话。现在则需要相应一整套的采购流程和标准，对每个产品的描述，对每个采购产品的质量管控等一大堆过去没有过的要求，他们自然就认为"这个工作太麻烦了"。

主持人：这次改革对财务影响大吗？您自己也是财务专家，

---

① 摘自本课题组对鲁富贵的访谈，2023 年 6 月 23 日。

应该非常了解财务部门的基本态度。

朱在龙：财务也是这样。以前，公司财务的主要任务，就是到月底算算账。质量体系实施后，要求每天把财务成本算出来，要求把"死的财务"变成"活的财务"，把财务变成"成本会计"。也就是说，财务部增加了一项原来没有的"成本会计"职能。财务在以自己的方式把每天的物料这一块控制起来了。以前，我们没有成本会计，现在则要依托财务来做，财务这边增加了很多工作。

根据质量体系标准要求，这个体系一定要全面打通，否则这个 ISO9000 体系认证就通不过。事实证明，只有在"任督二脉"打通之后，在各个环节、各个部门都打通，整个体系都正常运作起来之后，这个体系才能发挥好企业降低成本、提高质量、提高服务水平等各方面的综合成效。

适时的"负面激励"

主持人：通过"各个击破"，带动整个队伍理念和行为方式的进步。"各个击破"是一种传统方法，也是很管用的方法。

朱在龙：我的工作思路和对团队的要求，就是破解难题特别是管理方面的难题，不能硬来，一定要讲究策略和方法。我特别推崇毛泽东主席的《矛盾论》《实践论》《论持久战》等哲学著作。毛主席是最讲辩证法的，也是最讲方法论的。毛泽东的著作我们要活学活用，越学越有感觉，越实践越有感觉。我们既要讲方法、讲策略，更要讲效果。

我们比较善于采用"各个击破"的方法：如果有一个"点"被我们攻破了，问题的解决就会容易很多。比如，对一个创新举措、改革举措，一部分比较优秀的职工接受了，其他职工就面临到底是跟还是不跟的选择。一部分人做到了，我们管理团队也就有理由继续做其他人的工作:人家都做得到,你为什么做不到?

有时候,要把正面激励的功能充分发挥出来,把榜样树起来。我们高调组织召开表彰大会,让先进分子上台给大家介绍自己的心得、想法、经验,下面听的人心里就有数了。我们努力把各种先进典型、先进榜样树立起来,效果特别好。其实,很多农民职工缺乏的是引导,一旦他们认识到了问题,认识到了努力方向,他们的进步就会很快。

我们每年都搞"十佳员工"评选,每次开会都很隆重,我必定到场讲话。主要目的,就是营造一种积极向上的工作氛围。

主持人:您讲得很对。激励可以分为两种,所谓"正面激励",就是树榜样,表彰奖励先进。一旦遇到小农经济意识的顽强抵抗,有时候也需要所谓的"负面激励",通过否定性方法来推进各项改革举措。

朱在龙:这是必须的,所谓"无规矩不成方圆"。管理,必须有规矩,也要有手段。有时候,一个小组里有 5 个人都反对改革,我们就要想办法把这 5 个人拆散,其中带头的我们要找他谈话,讲道理,明是非,如果还不行的话,那就该处分的处分,该辞退的辞退。在公司发展过程中,我们也辞退过很多人。辞退的人当中,包括平时跟我关系不错、走得很近的人。在严格管理这件事情上,我不能有太多的感情用事。公司有制度,公司要发展,这是我的底线。这个过程不容易。

主持人:辞退或者处分一个员工,对您来说,一定是万不得已的选择。

朱在龙:是的。辞退职工对我来说是一个很痛苦的选择,是没有办法的办法,没有选择的选择。我们已经穷尽各种方法,如果能通过教育把他们转变过来,这是最好的。但是,现实很困难,有的人就是转变不过来,那么就必须该调岗的调岗,该辞退的辞退。

　　我那时也还年轻,有时候在回家路上会被他们堵住,把我堵在田埂上,责问我的、求情的都有,有的是父母亲出面,责问我为什么开除他们的儿子或者女儿。我印象中,至少有两次被堵。我们公司最早是一个乡办企业,有特殊的工人群体,他们当中很多来自我们曹桥的一个村,互相之间都是亲戚,都是一帮一帮的。有一次是四五个人堵住我,把我堵在回家的路上,前前后后堵了我一个多小时。他们的父母亲也会来找我,一把眼泪一把鼻涕地求情。我耐心地告诉这些父母,要了解你们家孩子的问题,要向这些孩子了解到底是怎么回事,他们成天在厂里干什么。请他们理解,如果公司容忍这些破坏公司规矩的行为,公司就办不下去、办不好。这么大的企业,必须讲规矩。有一次,还有一个年轻人拿锄头威胁说要打死我。不过,那时候我也年轻气盛,很强硬,说:"你打呀!"

　　另外,我们有时候也会使用过去游击战中"各个击破"的战术。在一帮反对改革的人当中,总有几个有水平、希望上进的,这些人是我们可以争取的力量。我们可以多跟他们谈。在必要的情况下,可以考虑给他们一些利益上的倾斜,比如提供比较好的岗位给他,等等。这样他也会愿意接近我们,经常来向我们反映一些情况,提供一些信息。这也是没有办法的管理技巧,我必须了解基层的情况。

　　所以这是个很痛苦的过程。把一切都扭转过来真的不容易。现在想想,这个过程很难,但也挺有意思。在这个过程中,大家都在成长。

一步一个台阶

　　主持人:从景兴的发展,我们可以看到在企业发展过程中领路人的现代化眼光和思维的极端重要性。一个企业的领路人如果缺乏现代化意识,再"千辛万苦"也可能做不大。很多企业包括很多乡镇企业,在这个过程中被淘汰了,也就是这个原因。而我们景兴获得健康发展,在一定程度也是得益于您的现代化理念。

朱在龙:你面对的是农民群体,这是当时的客观情况。我们不可能改变这种基本情况,我们不可能一下子让他们全部接受现代化的、核心的东西,我们必须逐步推进,一步一步地推进,第一个台阶上来了,我们上第二个台阶,再上第三个台阶。ISO9000通过之后,我们继续推进ISO各种体系,包括能源体系、职业健康安全管理体系、环境管理体系,等等,各种体系建设自然都能跟上来了。

我们就是一个台阶一个台阶地推进。第一个台阶上来了,后面就相对方便了。现在看来,关键是第一个一定要坚持下来。

> 鲁富贵回忆道:"我们一步一步推进。2002年,朱董又让我负责环境管理体系建设。2014年是做健康安全管理体系建设,后来还有职业健康安全管理体系。在这个基础上,这几年又开始推行新员工的体能测试。2015年我们推进能源体系建设,景兴纸业也是能源耗能大户。2013年我们的绩效体系获得嘉兴市的奖励,是平湖第一家获得此奖项的企业。今年又通过了知识产权管理体系,目前在推行社会责任体系。"①

主持人:踏上了第一个台阶,大家都知道要抬脚往上走了。

朱在龙:是的。现在看来,整个公司对ISO9000以及后面几个体系的认知,是一个不断提升的过程,也是人的精神状态、行为规范得到不断培养的过程。我们不断地迭代,不断地把管理理念

---

① 摘自本课题组对鲁富贵的访谈,2023年6月23日。

和方法推上一个新的台阶,一步步往前走,一步步跨越。我们用了不算很长的时间,实现了从传统产业工人队伍向现代产业工人队伍的转变。不过,我们不能忘记,1996年的第一步很重要。

主持人:在这个过程中,我们景兴的管理团队、行政职能部门可能也在发生一些理念性的变化和进步。

朱在龙:是的,我们的管理团队慢慢接受了这个现代化的管理理念,也从现代化的管理中得到了看得见、摸得着的实惠。他们感知到的一个明显变化,就是当一切都有规则的时候,效率就大大提升,他们的工作量实际上比以前下降而不是增加了。

主持人:讲规则,长远来看,对任何人其实都是有好处的。这些体系建设之后,在推进现代企业建设方面还做了哪些方面的工作?

朱在龙:是的,大家都可以从讲规则中受益。一开始的时候,有些看上去很方便的习惯性做法,比如遇到什么事情打个电话就可以了,很方便。现在要写到纸上、记录下来,做的也要写到纸上。一开始也会有埋怨,天天写一大堆东西。但是,后来他们慢慢地认识到,养成习惯后这其实是蛮好的,有些事情有据可查,有据可循,效率反而大大提高。所以,我们就不断地把国际上一些先进的认证、管理体系引进来。

应该强调的是,当时这些体系建设只是现代企业制度的基础,而不是全部。我们必须与时俱进,决不停留在体系建设的功劳簿上。近年来,我们在体系基础上不断创新迭代,使得体系建设成果不断巩固、深化。

比如,我们不断强化培训,每年花大量时间、精力和财力做培训,自己编培训教材,自己上课,也外请不少老师来上课。通过培训,保证我们干部、职工的观念不落伍。

同时,我们较早开始注意集中力量开展信息化建设,工业信息化等技术方法又一次把管理人员从传统的管理模式中摆脱出来。ISO9000 也好,ISO14000 也好,虽然是现代管理制度,但这些管理制度的基本操作模式还是传统的,比如很多要靠人工录入等。我们引进信息化、工业互联之后,再一次用最现代化的手段带动了公司管理者理念和方法的转变。一是靠现代化管理制度,二是靠现代化科技,实现企业管理的现代化。现在回想,一步步走过来真的不容易,但还是要持续推进,不能懈怠。

细节决定成败

主持人:景兴 40 年发展的管理创新成果,给我们留下了很深的印象。踏进公司,我们就能到处感受到这种成果。比如,每次来公司,我发现无论走到哪里,地上都是干干净净,车间整洁,办公楼一楼咖吧的报刊书籍整整齐齐,厕所也很干净,看不到乱哄哄的情况。景兴不单是 ISO9000 等体系做得好,之后,还有很多精细化管理,也做得有板有眼、踏踏实实。

朱在龙:我们在 2007 年左右开始 4R 管理培训,经常举办相应的管理成果发布会。这些都是精细化管理项目,要求精益、精细,这是与传统管理不同的地方。

我们的精细化管理是与传统管理相对应的一个创新举措——我们甚至也可以把 ISO9000 体系作为一种相对传统的管理方式。传统管理到一定程度后,浮在表面的问题大都得到解决,基本管理流程没有大问题了。ISO9000 也好,ISO14000 也好,主要都是着眼于规范化操作、规范化流程这些方面的要求。但是对管理现场整理、整顿、清洁,传统的管理方法是没有办法照顾到的。

4R 执行力分为 Result(结果)、Responsibility(责任)、Review(检查)和 Reward(激励)。R1:结果定义

（企业实施的计划/预算系统）；定义结果，就是定义客户；定义客户，就是定义工资。R2：责任承诺（企业实施岗位职责系统），责任的起点是一对一的约束，出现问题，永远先问制度。R3：结果跟踪（企业实施的业绩跟踪检查系统），员工只做你检查的，不做你希望的。R4：即时奖惩（企业实施业绩考核系统），执行力与薪酬无关，与成就感有关，激励的要点是要放大关键行为。

7S活动起源于日本，并在日本企业中广泛推行。企业开展以整理、整顿、清扫、清洁、素养、安全和节约为内容的活动，称为7S活动。7S以素养为始终，具体要求是整理（Seiri）、整顿（Seiton）、清扫（Seiso）、清洁（Seiketsu）、素养（Shitsuke）、安全（Safety）、节约（Save），因这些词汇的罗马文均以"S"开头，简称为7S。想要推行7S活动，需要提高职工队伍素养，通过素养提升，让员工成为遵守规章制度、具有良好工作习惯的人。整理：区分要用与不要用的东西。整顿：要用的东西依规定定位、定置地摆放整齐，明确标示。清扫：清除职场内的脏污，并防止污染的发生。清洁：将前面3S实施的做法制度化、规范化，并维持成果。素养：人人依规定行事，从心态上养成良好的习惯。安全：加强安全建设，维护人身与财产不受侵害，以创造一个零事故、无意外事故发生的工作场所。节约：对时间、空间、能源等方面合理利用，以发挥它的最大效能，从而创造一个高效、物尽其用的工作场所。

TPM即Total Productive Maintenance，是指全员参与的综合生产保全活动（或指全面生产维护活动）。①

---

① 摘自景兴纸业党委提供的资料。

主持人：在调研中，我也学到了很多概念，比如您刚刚讲到的4R，还有7S、TPM等。7S与4R在内容上好像有点相近。我们花了非常大的力气强调现场管理，包括工具整理、摆放，等等。我注意到，您对于这些精细化管理也极为重视。我的一个疑问是，工具摆放清清楚楚、现场干干净净，对公司管理真的有这么重要吗？

朱在龙：这些精细化管理措施非常重要。不要小看细节要求的威力。我们要求工具摆放清清爽爽、整整齐齐，这里放什么那里放什么，要有规矩。试想，如果工具不放在合适的位置，万一设备坏了，找工具可能要找半天。现在，万一设备有了故障，要拿什么工具维修就一目了然，这样就有效提高了工作效率。特别是，现场干净了，设备也就搞干净了，我们员工保护设备的意识就逐步养成了，就非常容易发现设备可能存在的问题，比如设备发烫之类的问题就能及时发现，保障设备正常安全运行。设备干净了，维修保护做得好，设备抛锚、事故率就低了或者没有了，设备的使用寿命也会增加，这其实是降低了公司的运作成本。就像我们家里用车，有的人一台车开了10年还像是新的，有的人开3年，看上去就一塌糊涂了。

所以，我们就研究要把4R、7S（现场管理）以及TPM（精细化管理）理念都引进来。

另外，工厂的现场整洁了，生产环境好了，职工工作的心情也会比较愉悦。试想，如果车间里到处废水废浆横流，东西放得乱七八糟，情绪也会乱哄哄，这个时候，工作便可能变成一种折磨。所以，管理到一定程度以后，一定要朝着这个方向走，这样管理会越来越精细，就是管理效果越来越好，成本会越来越低。

在2022年11月12日的公司会议上，朱在龙提到了TPM。他说,TPM的核心在于设备管理,设备的高效运作直接关系到公司的生产效率、成本控制和产品质量提升。设备正常运行不仅是基础,更是提升企业竞争力的关键。要保障设备正常,设备管理员很重要。干部和员工的精神理念必须与公司的理念及战略方向一致,只有这样,大家的思想和行动才能真正转化为有效成果。必须对自己和下属有严格的标准,在面对挑战时大胆思考、勇于创新、敢于创新。观念中总认为事情"不可能",那就永远止步不前,永远停留在过去。相信总是比怀疑有力!市场环境和机会的快速演进不给我们留下太多的喘息机会,我们不能坐等市场改善或外部帮助。必须勇于自我革命,牢牢把握机会。"此刻"不是等待和观望的时刻,而是需要行动和突破的时刻。①

主持人:我在和某地一位领导访谈的时候,他给我讲了一个耐人寻味的小故事。当地有一家企业,欠了巨额电费面临倒闭,想请政府帮忙协调解决。他思量再三,最后决定不出面帮助协调。他讲到他在考察这家企业时关注到的两个细节:有一次这位领导正好在企业老板办公室,一位律师来领律师费,律师说要开发票,但老板说区区几万块钱开什么发票,顺手就拿钱给了律师;另外就是这个厂厂房虽然很新,但外面堆物很乱,到处是杂草。这位领导告诉我,他思想斗争了一个礼拜,最后还是下决心不出面,因为他看不到企业的这种规范性,也就看不到对企业健康发展充满信心,在这种情况下,用政府公信力去为他背书,是有风险的。优秀的现代企业管理,在一定意义上代表了自我肯定和外界

---

① 摘自朱在龙在景兴纸业传达学习贯彻党的二十大精神暨正风肃纪专题会议上的讲话,2022年11月12日,录音稿。

2021年，朱在龙在《始于识才，基于用才，成于留才》一文中写道：

无论哪个时代，人才都是最宝贵的资源。历代思想家、政治家都认识到为政之要，唯在得人，发出"千军易得，一将难求"的感叹。从管理维度来讲，我们为什么要关注人才的建设和培养？因为作为管理者，不能忘记管理者的定位——管理者是通过团队去获得业绩的，所以管理者要学会如何识人、用人、留人。①

---

① 朱在龙：《始于识才，基于用才，成于留才》，载《景兴报》，2021年第10期。

让"十个手指"都动起来

主持人：我最近访谈了不少景兴的高管和职工，包括与您交流，我发现景兴有非常好的用人文化。这个问题展开可能有点复杂，您能就您的用人之道，先做个总体性的概括吗？

朱在龙：我们做了一些探索，做了一些努力。我个人在这方面确实是有一些体会的。如果要做概括，大致可以概括为以下方面。

一是要有"识才之明"。企业领导人一定要有"知人善任"的火眼金睛，用错一个干部，单位和职工就会跟着遭殃。选好人、用好人是领导者的基本功。没有最好的人才，只有最适合的人才。人各有所长，亦各有所短，只要能扬长避短，天下便无不可用之人。

二是要有"用才之量"。企业领导人一定要有"量才施用"的大胆气魄，善于用其所长，善于提高自己的授权能力。企业领导者要把选好用好人才作为自己的重要职责，特别是要敢于选用比自己优秀的人。一定要敢于让有才华、有抱负的人才挑大梁、担重担，承担具有挑战性、前沿性的工作，要善于为他们的成长创造条件、营造环境、搭建舞台，使他们尽快在自己的岗位上作出成绩，干出一番事业。把人才选用到合适的岗位上，从上到下各司其职，发挥每个人的长处，让"十个手指"都动起来。

三是要有"留才之术"。要给人才"名利双收"的归属感。百年景兴，必须人才为先。当今世界的竞争，归根到底是人才实力的比拼，是人才数量和质量的比拼，企业发展也是一样。所以，我们的一个重要任务是做好人才培养规划，激发大家干事业的激情，以良好的企业文化生态不断吸引各方面的优秀人才，包括管理方面的人才。

知人善任与用人之长

主持人：我在阅读《景兴报》时发现，早在 2001 年，您在讨论领导艺术时就说，要知人善任、用人之长。"知人善任"讲讲容易，实践起来是有一定难度的，有的时候"知人"不易，"善任"则更难。

朱在龙：企业用人的基本原则就是"知人善任"，就是要发挥每个人的长处，将合适的人安排到合适的岗位上，特别是要给有抱负的人才压重担，给他们发展的空间。

每个人都有自己的长处，也有自己的短处。我们说，人无完人，没有人是全才、全能的，世界上没有"完美的人"。在用人方面，我们不要老是想着去克服某个人的短处甚至缺点，他的短处比如他性格方面的问题，你往往是克服不了也改变不了的，所以，我们要把重点放在如何发挥好他的长处上。

总而言之，我用一个人，首先想到的是如何把他的长处发挥好，用其长避其短。对人才的长处要让他发挥到极致，对人才的短处要限制到"刹根"。你有卖纸的才能，我就把你放到卖纸的岗位上；你有采购方面的才能，我就安排你到采购岗位上。试想，如果倒过来，我把卖纸的和采购的换个岗位，是什么结果？结果一定是大家都不好过，大家都做不好。

2021 年 10 月，朱在龙在《始于识才，基于用才，成于留才》一文中写道：

作为管理者，不能忘记管理者的定位——管理者是通过团队去获得业绩的，所以管理者要学会如何识人、用人、留人。

识才之明——当有"知人善任"的火眼金睛。"骏马能历险,力田不如牛;坚车能载重,渡河不如舟。"要做到人尽其才、才尽其用,必须要准确地辨别人才。三百六十行,行行出状元,没有最好的人才,只有最适合的人才。各级管理人员要养成"眼观四路、耳听八方"的习惯,多到基层了解情况,掌握基层最迫切的人才需求,践行"耳闻目睹"的识才理念,避免"纸上谈兵"式的识才和"掩耳盗铃"式的辨才,要深入一线去了解员工特点,从小事中发现人才、辨别人才。

用才之量——当有"量才施用"的大胆气魄。管理之道,唯在用人。一切有远见的管理层,都应当用其所长的管理艺术,努力提高自己善于授权的能力,靠人才打开局面,靠人才搞好工作。管理人员不仅需要树立正确的人才观,而且要把选用人才作为自己的重要职责,敢于选用比自己优秀的人。人各有所长,亦各有所短,只要能扬长避短,天下便无不可用之人。敢于让有才华、有抱负的人才挑大梁、担重担,承担具有挑战性、前沿性的工作,为他们的成长创造条件、营造环境、搭设舞台,使他们尽快在自己的岗位上作出成绩,干出一番事业。一个管理人员不可能掌握现代化生产的一切科学技术知识,不可能面对复杂的情况包揽各种巨细事务,而是要学会"运筹帷幄""调兵遣将",把人才选用到合适的岗位上,从上到下各司其职,发挥每个人的长处,让"十个手指"都动起来。反之,如果没有许多专业人才,管理人员的职责和任务势必难以实现。

留才之术——当有"名利双收"的归属感。只讲"重视",不讲"待遇",不是真正的重视人才。在制度上,要建立"能者上、平者让、庸者下"的公正动态机制,明确人才的发展通道,让人才有发展方向的指引,更大程度地实现自身价值;同时,帮助其做好职业规划,也令他们感受到个人职业发展的乐观前景,激发冲劲;在待遇上,把企业利益与员工利益密切地捆绑在一起,让人才实现"名利双收",有归属感与成就感,自觉自发地留在公司,从而在全公司上下形成"人人渴望成才,人人努力成才,人人皆可成才,人人尽展其才"的良好局面,营造"近者悦、远者来"的人才生态环境。人才难得,轻视不得,耽误不得。①

主持人:用人之长,首先要识人之长。看清楚一个人的特长,才能在使用上尽其所能,这是需要您前面讲的"火眼金睛"的。

朱在龙:作为管理者,这要求我们自身必须具有比较正确的价值观和行为准则,有是非标准,在此基础上,我们才能洞察每个人的优缺点,才能做到用其长处,避其短处。如果领导者自己平时都是非分不清、随意性很大,那么,他在一些原则问题上,包括在选人用人的重大问题上,就难辨是非了。

我们把干部配置到各个部门,就要考虑把这个人的长处发挥到极致,当然,对于他的短处,我们在配置的时候也要心里有数,有所考虑。

主持人:换个角度说,只有用对人,团队才有凝聚力、才能带起来。

朱在龙:对的。试想,他某个方面能力很弱,你硬去用他,这个团队他也带不起来,他自己会很痛苦,大家跟着他也遭殃受罪。

如果某个领导某个方面能力是最强的,那在这方面、这个领域,人家自然都会听他的。从这个意义上,我们可以说,一个人领

---

① 朱在龙:《始于识才,基于用才,成于留才》,载《景兴报》,2021年第10期。

导力的基础是他的"长处"。

比如说，我们的戈海华副董事长，他的优点很多，最大的特点就是钻研技术能力强，有钻牛角尖的精神，让他去做某件事情，他可以做得很精致、很完美，他自然就拥有这方面的领导力。

主持人：是的，我们访谈戈海华时，他谈了不少很好的观点，特别是认为现代造纸业应当是也可以是无污染的产业，有很好的见解。

朱在龙：是的，我们一直在努力推动绿色低碳发展，大力推进能源管理体系建设，加大节能技术改造，积极运用节能新技术、新设备、新工艺，不断提高改善能源利用效率。

主持人：用人方面您还可以举些具体例子吗？

朱在龙：比如，钱晓东总经理助理，他也是从车间上来的，他的特点就是比较有冲劲，有激情，有事业心。当然从技术角度、管理角度来看他可能还有进步的空间。我们早年招聘干部时，他毛遂自荐当车间主任，有激情参与竞聘。他演讲的时候，我也参加了，好几个评委认为他好像一般，我说他既然有这么大的信心，应该可以培养得起来的。现在看来我的判断没有错，他在公司发挥着很好的作用。

再如，徐海伟副总经理的特点也很明显。我们公司采购是期现结合的方式，他是财务出身，账算得很细，有些大宗商品采购，对方报成本构成什么的，他一眼就能看出问题来。这样的采购，我是放心的。

我们的前副董事长徐俊发，长期以来对公司忠心耿耿，我们两个人一开始就合作。最早的时候我是副厂长，他是财务经理，乡里考察干部的时候，就考察我们两个人。我做了厂长以后，他用实际行动积极辅助我。他善于与公司的外部协调好关系，为公司发展做了很多事情。有很长一段时间，公司财务是他负责的，税收、银行方面他代表公司做了大量协调工作。他发挥了他的长处。

德才还是要兼备

主持人：您非常注重干部的"德"。景兴纸业的领导团队十分团结，也十分稳定，是不是与您提倡的"德才兼备"要求有很大的关系？

朱在龙：确实，我们领导团队非常稳定。如果说"知人善任"是我用人的第一个原则，那么"德才兼备"就是我用人的第二个重要原则。总体而言，用人考量必是德在先，用人首先是德（人品），其次是才（才能），"有德"之后才能论"有才"。

同时我认为，对于干部素养方面的要求，各个不同层级的干部还是应该有些差别的。在公司高管这一级，或者说我的副手这一级，我们必须以"德"为主进行考察和使用。高层干部的工作涉及公司发展方向，涉及公司发展的大是大非问题，对道德品质素养要求非常高。

主持人：我们国家治理也是这样的，我们对领导干部特别注重"思想道德"素养，如果他们的品格、品性、品德不过关，就容易出问题。

朱在龙：中层干部这一级，是公司大政方针的直接执行者，管的是公司的具体运行，就要更加突出"才"、突出"政绩"，当然也要德才兼备。只有这样，这个公司体系才比较稳定。高管是要参与重大决策、参与掌舵的，对很多重大问题要把关，你不能没有组织原则、自以为是，公司让你把船往东开，你却一个劲往西开。"民主"之后要"集中"。决定了的事情，让你往东开，你就往东开。开得快与慢，很多时候则是下边中层干部的事情了。

主持人：这个比喻特别生动，也实事求是，高管要以德为主，中层更偏重于才。我的理解，"才"是指能把事情切实张罗起来、推动起来。高管是参与把关方向、参与掌舵的。

朱在龙：公司运行的大权，或者说我的很多权力，都以授权方式分配给了他们，各个高管都分管着公司经营管理很重要的一块内容，如果他们出了问题，那公司就完了。但是，如果高管的德过关，比如责任心强、自我要求高、有自律精神，那大概率不会出大的问题，即使有小的偏差，我们也有能力及时纠正，不会出现大的问题。当然，强调德为先，不等于就不讲才、不需要才了，总体上，还是要德才兼备。

> 在 2022 年 11 月 12 日的公司会议上，朱在龙谈到"德"的一些具体要求，他说：守底线，意味着遵守做人和做事的基本原则，也是能否做朋友的界限。实践中，要特别注意三个方面的倾向：过大的私心欲望、狭隘的视野，以及过多的抱怨。那些私心欲望很重的人通常无法将主要精力集中在本职工作上；视野狭隘的人，则无法容纳他人的不同意见和想法，不正视错误，不接纳不同的管理风格，这会大大阻碍他们成为真正的领导者；另外，有的人是"抱怨人格"，凡事怨天怨地，实际上，过多的抱怨会导致沟通不畅，影响项目的进展、公司的发展。①

主持人：有了"各尽所长""德才兼备"这两个基础支撑，您的团队的稳定性就比较强。

朱在龙：对，在德才兼备的条件下做到德才有所侧重，然后在设定岗位的时候能尽量照顾到各尽所长，我的团队就特别

① 摘自朱在龙在景兴纸业传达学习贯彻党的二十大精神暨正风肃纪专题会议上的讲话，2022 年 11 月 12 日，录音稿。

稳定。

有时候人家也告诉我,干部要不断地换岗,有的管理学讲师也这样强调,有的大企业也是三年换一次岗,结果大多数弄得乱七八糟。我认为,换岗有好处,干部长期在一个岗位也可能出现这样那样的问题,但总体考量,频繁换岗未必是个好办法——至少在企业是这样。我们高层干部比较稳定,基本上不换,主要就是要综合考虑一个干部的德才等方方面面的条件,特别是其能力的匹配性。当然,在中层一级,有不少干部我们也是根据实际情况和需要进行适时更换。

主持人:您的团队非常有凝聚力,特别是高管团队非常团结。一个突出的情形是,这群人都是长期跟着您的。这在其他公司比较少见,很多公司在发展过程中,原本团结一致的团队慢慢就散掉了。

朱在龙:您观察得对。他们非常年轻的时候,大多数在二十几岁时就跟着我,一直到现在。他们也各有特长,就是您刚才说的大副、二副等都各有特长。就像王志明、戈海华、盛晓英、鲁富贵、钱晓东等等一批干部,他们都跟我很长时间了,他们每个人都有很鲜明的特点和特长。

主持人:访谈中,我接触了您的高管团队,尽管每个人都有自己的特点,但也有不少共性,比如脾气、性格都很好,都很nice,都很踏实、平和、低调。您的团队每个人都很低调,不是那种装出来的低调。在与他们交流中,我能清晰地感受到他们那种源自内心的谦卑、平和、善良,这是不是多少受到您个性的一些影响?

朱在龙:可能还是"人以群分"吧。有一批与我性格类似的人进入我们高管队伍。我认为,踏实、认真、低调等素养,是公司高管应该有的基本素养。偏离这些品格的人,我肯定不会加以重用的。我们现在的高层都是一步步培养、提升上来的,在培养的过程中,就可以发现这个人到底适不适合再往上升。

我喜欢比较低调的人，与性格张扬的人不太合得来。曾经也有朋友向我们推荐了一个干部，能力特别强，也可能会给公司带来很多效益，但是性格比较张扬，团队意识和规矩意识比较缺乏，最终我没有留用。我的基本判断是，一个人如果搞个人英雄主义，是搞不好企业的，企业小的时候可以突出你个人的能力，但企业大了就需要团队的力量。

当然，从另外一个角度看，整个团队都是不张扬的人，也可能带来一点问题，比如有的时候可能创新意识不是那么强，或者冲劲不足，但这并不是必然出现的结果。我高兴地看到，我们团队一直充满做事创业的活力、充满开拓创新的精气神，有非常好的精神状态。这是关键。

复合式考察干部

主持人：识别干部的"德"，实际上是有些难度的，识别"德"比识别"才"难度更大。您怎么去甄别一个人，有什么"高招""妙招"？

朱在龙：这当然是会有一定难度的。也没有什么特别的"高招"。我们的感觉很重要，所谓的"第六感"很重要。识才，也考验我们作为掌舵人的洞察力、判断力。当然，有时候也有一些识别的参照物，特别是要善于在一些事件中去检验、鉴别干部。对人才要作出复合式考察、复合式锻炼、复合式培养。我们曾经有一个干部在成长过程中，工作上发生了失误，我们给予了比较严肃的处分。但是，这个干部没有破罐子破摔，工作仍然很积极，主观上又有深刻认识。他在这个部门里默默做了两年。两年后，公司需要提拔干部，我们很快把他提拔上来，担任重要职务。老实说，换作其他一般人，要是被我如此处分，可能积极性完全就没有了。

实际上,这两年考察就是我的参照系,看看这个干部的反应——这种"反应"反映了一个人的素养。

有时候我看中某个人,我会有意识地锻炼、考验他。考验、锻炼的方法很多,比如给他泼一下冷水,看他是什么反应。有时候你在工作上出了一些问题,比如一个一般性的事故,我可以处理也可以不处理他,但是我可能选择处理甚至可能选择用较重的方式来处理他。这时候一个干部是不是经得起委屈,就会表现得很充分。一个人受得起委屈、受得起挫折、经得起考验,才能百炼成钢。要有"是金子永远会发光的"内心信念,这种干部往往比较靠得住。

"充分授权"总体收益最大

主持人:我访谈您的高管团队,好几位都讲到您有一个很大的特点,就是非常信任下属,这种信任是蛮难得的,也是很珍贵的。

朱在龙:对一个领导者而言,充分信任、充分授权给下属的总体收益是最大的。

我的理念,就是用人不疑,疑人不用。你已经用了,也就是信任他了。用人本身就是基于信任。既然信任他了,就应该充分授权。其实,你对他越信任,他就越会踏踏实实地跟着你,尽量把事情做好。我相信,对我的信任,他也是很看重的。最怕的情况是,虽然你用了他,但对他还是疑神疑鬼,设置各种不信任的条款,他干得也不会太舒服,出了事情他也不用负责任。我信任你、授权给你,出了事情你是要全部负责的,他就会更加细心主动地做好本职工作。

如果你授权不够,或者,你当老板的事无巨细都要自己亲自把关,那么出了事情还是你老板的事情。我充分授权,那么万一出现什么问题,就肯定是你的事情。权力也是你的,责任也是你的,权、责、利是一致的。

2004年朱在龙在《关于授权》一文中,分析了科学授权应该有的"四个观念"。特别是,其中关于授权和培养人才的关系,非常精辟,对管理者颇有借鉴和启发意义。他写道:

授权就是陪着新手学开车。管理者都知道授权的必要性,但可能还有相当一部分人不知道其深层意义,有效授权关键在"有效"这两个字。你陪新手去开车,你要给他充分授权,要不然他怎么能开好车呢。一方面你会担心他开不好车,有可能会出车祸;另一方面你又不得不授权给他做,要不然他永远都开不了车。这个时候你会怎么去教他呢? 如果你发现他方向盘打得不好或者油门踩得不好,只要他不发生车祸,你就应该等他转了一个弯以后,再跟他说你做错了或者走错了,你必须给他犯错的机会,如果每次他做得不好你就骂他,说你怎么能这样开,你太蠢了等等,这样做的结果不但没有让他学得更快,反而使他更加紧张,出更多的错,甚至使他丧失继续开车的勇气。

授权是为公司培养人才的最好途径。授权,是每一个管理者都要做好的一件事情,因为公司要发展,就意味着公司要不断培养人才,培养人才首先要学会授权,如果你不授权,所有工作都是你一个人来做,那么公司永远不会有能够替代你位置的人,所以授权的工作很重要。

如果你感觉自己没有太多时间用在管理上,时间老是不够用,经常要加班或把工作带回家去做,总感觉别人做的事情没有自己做的放心,要求员工把每件事情都向自己汇报,自己又有很多事务性的事情要做,你们对照一下有没有这种感觉,有的话就应该授权了。

实际上管理者应该做什么,顾名思义就是管理工作,但是我们有些管理者和领导什么事情都自己做,老是说员工办事不放心,那什么时候你才能真正成为一个名副其实的管理者呢?

……作为领导,你必须要有一定的风险意识,因为授权是有风险的。你把这个事情交给部门副经理去负责,实际上你要明确这个风险,因为如果做得不好,部门负责人是你,而且你应该有义务去承担这种风险,既然坐到这个位置上,你就必须为结果负责。但从公司角度考虑,你又必须为公司培养人,所以一定要有承担风险的意识,如果做不好,第一个责任是你的,不能推却责任,不能说我已经授权给他了等等。因此授权的风险应该是你可以控制的,只要风险是可控制的,那就肯定要给下属授权。因为他第一次做不好,第二次做不好,第三次可能就做好了。如果没有第一次做不好,他永远都不会有后来做好的机会。所以你要给他机会去犯错,机会代表风险,那风险由谁来承担? 你来承担。

……只要觉得这个风险可以控制,顶多是多走弯路,或者有点小摩擦,那就应让他去试一下,因为新手开车肯定会有点小麻烦的,不然他可能永远都不会有开车的经验。①

主持人:我从您的观点中,理解了为什么说"信任是一种力

---

① 朱在龙:《关于授权》,载《景兴报》,2004 年第 9 期。

量"。信任在管理过程中弥足珍贵，不可或缺。说它"弥足珍贵"是因为在管理实践中，要完全做到充分信任、放手授权也是不容易的，很多管理者做不到，或者做不好。我要问的是，在充分授权之后，很多重要权力分散了，公司会有风险吗？授权之后的过程性情况您如何掌握或者说把控？虽然具体事情不去管，但是否需要有过程性的掌控？毕竟，我知道您下面有些部门的权力也是非常惊人的。

朱在龙：对一个领导者而言，充分信任、充分授权给下属的总体收益还是最大的。总体上是收益大于风险。当然，前提条件就是我刚刚说的：考察干部时就要把"德"放在第一位。在这个前提下，越是信任，他越有责任心。

我们有两个部门，一个是管理部，一个审计部，一直在正常运转，一个是从管理审计的角度，另一个是从财务审计的角度，专门查审各个领域的运行情况。

就我们景兴而言，每年要对相关部门进行审计，还有各种专项审计的制度，都在正常运作过程中，也发挥了非常好的作用。比如，我们通过专项审计来了解销售或者采购的情况：每年我们采购、招标是什么状态，客户是怎么状态，价格是什么状态，等等。

总之，信任不等于放任，也不等于可以制度缺失、监督缺失。监督制度在任何现代企业中都是不可或缺的。

在《关于授权》一文中，朱在龙继续写道：

授权流程是，首先要交给合适的人，然后给他一个计划，接着就是过程监控。

充分授权需要一个过程监控，把事情交给下属后，在这个过程中要给他一些支持，不断跟踪，不能说让他把球踢出去后就不管它往哪边走了，你要教他怎么踢，如何踢得更准更快，这才是一种有效的授权，所以说要进行支持,要进行过程监控。

……授权有个误区就是"授责不授权"。将不好的工作授权给下属,让下属有责而无权,这就是我们经常说的授责不授权,不能只把责任给他而不把权力给他。例如叫他去买一台设备,但相关的协议权、财务审批权或者最终审核权力谁负责,都没跟他说清楚,然后他做什么,事事向你汇报。你跟他说给你授权了,但是权力却没有给他,只是把责任给了他。那么这不叫授权,而叫推卸责任。

授权的速度不要太快。当下属不了解或者说对你的授权范围不清楚的时候,你就说我给你授权了,你赶快去做,那么他做错的机会就很大,所以要把授权范围及时间、速度交代清楚,不能模糊不清。授权是要用一个启发性的观点去引导员工,教授他们做事的技能和方法。

不能完全用"套模子"的形式来授权。培养一个人才是很不容易的,你要给他一个方法,但是你不要把自己所有的东西一下子全部套给他,你要相信他,鼓励他,用一种突破思维的方式或者新的方式让他做好,你要跟他说按照我的经验可能这样做会好一点。但是,你最好用一种新的方法来告诉他怎么去做,这样才能提升你的水平,所以不能完全用"套模子"的形式来授权。

还有一种误区是逆授权。什么叫逆授权?比如说你把工作授权给他,反过来你感觉好像这个过程不是你授权给他,而是他授权给你。因为你发觉有什么事,凡是重要决策的时候他找你,而你希望他把这个决策给做了,倒过来他事事向你汇报,事事跟你交代,你又给他做决策,那到底是谁给谁授权?

　　……通常情况下,你在授权之后要求被授权人有相关的一些建议,作为一个管理者,你希望你的员工给你的建议不是唯一的,你希望他有两至三个方案,这样做是在培养他的思维,让他考虑问题更加系统性,因为他在没有充分掌握这个技能的时候,往往他做的决策有可能是错误的,所以你跟他说要有多套方案,一是有利于你做决策,二是有利于培养员工系统的思维能力,这种授权程度是比较好的。在员工做错的时候,如果这种错误不是非常大,你可以故意不跟他说,做完后再跟他说,并且告诉他为什么做错了,错在哪里,并不是他一做错你就停止,然后给他更正,当他再错的时候,你又给他纠正过来,这样他就永远不知道错在哪里。这就是管理者应该懂得和学会授权以及如何授权的道理。①

---

① 朱在龙:《关于授权》,载《景兴报》,2004 年第 9 期。

人才战略赋能企业高质量发展

人才是第一资源。科技创新力的根本源泉在于人。创新驱动本质上是人才驱动。长期以来,景兴纸业紧跟国家快速发展的脚步,大力培养德才兼备的高素质人才。

在 2017 年中青班的开班仪式上,朱在龙要求大家把目光放得远一些,把步子迈得稳一些,以培训为依托,加快企业人才培养体系建设,让员工持续发挥自己的比较优势、释放创新活力。景兴纸业健康地发展,迈向"百年景兴"远景目标,就必须厚植创新发展的人才根基,牢固确立人才引领发展的战略地位。

多年来,景兴纸业采用师带徒、轮岗转岗、竞聘、中青班培养、基层管理及班组长、设备人员开班集训等多活动多渠道赛马机制,不断拓宽人才培养平台,完善人才选拔机制,激发人才工作潜能,全面培养、筛选和选拔人才。

景兴纸业积极完善高技能人才评价体系建设,培养了大批高技能人才。在传统师徒结对的"传帮带"基础上,景兴纸业建立起了富有特色的"三师"基地:浙江省"张小红技能大师工作室"、嘉兴市"陆建新技能大师工作室"、嘉兴市"方瑞明技能大师工作室",这些平台坚持"以老带新、转换角色、勤学苦练、发挥团队力量"的人才培养要求,锻造企业后备力量,培育自己的"工匠",为企业内部开展技术攻关、创新和高技能人才培养提供了强有力的支持。

人在哪里

主持人：今天的景兴更像是您的一件作品，或者是您自己的一个孩子。我们迎来了景兴发展的第 40 个年头，您觉得现在景兴的发展，是不是您预期的样子？

朱在龙：总体来说，我们景兴发展得很好，有很多地方超出我的预期。

但是，从规模上讲，按照我的预期，公司应该还要再大一些，至少要比现在的规模大一倍。

主持人：您前面讲到，就造纸行业而言，企业规模对于企业发展还是很重要的。一般来说，造纸业规模的扩大受制于哪些方面的因素呢？

朱在龙：企业规模的扩大，受制于外部、政策等方面因素，受制于资本因素，但最主要的还是受制于团队力量能不能匹配起来。人的因素跟不上，发展就快不起来。就像毛泽东主席说的：政治路线确定之后，干部就是决定的因素。一个企业的发展，需要有一批责任心强、能力强、兢兢业业干事业的人，企业发展是人、财、物的结合，但决定因素还是人。无论是企业经营、管理还是科技攻关，我们都需要各种人才的支撑。

火车头和动车是什么关系？光有一个马力强劲、持续发力的火车头还不行，还得有动车。现在动车跑得很快，关键是每节车厢都有动力，所以叫动车。火车头的牵引，再配合每节车厢的动力，而且是整齐一致、方向一致的动力。我们景兴纸业，也需要"火车头加动车"的动车力量。

早在 1995 年，朱在龙在《注重技改发展规模经济》

一文中写道：

> 增强活力，稳妥地逐步建立一套年轻化的干部管理机制，实行劳动定额定员和干部聘任制，外聘内招，能上能下。精简机构，因事设人，行政人员不超过 60 人。从厂情出发，吸收国内外企业管理的先进经验和方法，在部门、车间实行经济责任考核制度，把总体目标和任务逐级分解落实，工资与质量、岗位技能挂钩。[①]

主持人：缺人才，可能是绝大多数企业包括景兴这样的制造企业在迭代升级过程中遇到的共性问题。

朱在龙：我们是传统企业，发展历史很长，有 40 年了。我这边很多人都长期跟着我，人都很本分，也很努力，但客观上讲，水平能力还是参差不齐的，特别是现代企业管理能力和水平还不能适应时代要求，我又舍不得把他们全部砍光、换掉。实事求是地讲，这也阻挠了我的一些想法的进一步推进和实现。如果按照我的想法，我刚才说起码在规模上要比现在还大一倍。

上市以前，我们谈到企业要发展，总是说"钱在哪里"。上市后，"人在哪里"的问题开始慢慢凸显。我现在每次开会都会说这个问题。这不是危言耸听，而是一个非常现实的问题。现在我们有项目，也有钱，但是，我们的人在哪里？项目是需要人去驾驭的，要高水平的人去推进项目高质量地实施。我们需要更多的管理人才、技术人才，需要更多的复合型人才。

现在，既懂技术又懂管理的人才少之又少。我们人才队伍的梯队建设还跟不上发展要求。对于人才队伍建设，不能简单看当下，还要看到梯队结构的情况。

要特别注意的是，我感到，现在优秀的年轻人太少了。

[①] 朱在龙：《注重技改发展规模经济》，载《包装世界》，1995 年第 3 期。

总有人想"躺平"

主持人： 我感到，年轻人中不乏优秀的群体，但确实也有些年轻人越来越浮躁，他们不愿意去一线、基层历练，有的甚至都不想上班了。

朱在龙： 不历练怎么可能成为人才？在我看来，这就是问题。有不少人精气神不足，能力也不足。说实话，我们年轻的时候也可能"浮躁"过，只想做大，但我们这种想法的背后是我们有明确的目标，之后是拼命努力，没有想过一夜暴富，我们知道一步一步去走。多一些想法是可以的，但关键要有切实的行动。

现在的浮躁大都与不切实际有关。关键问题是，一些人不努力还想成功，希望一夜之间暴富和成功。我们现在招来大学生，有的不大愿意到车间里去，只想坐办公室，感觉自己什么都懂，拿多少工资、担任什么职务，都要跟人家比，而不是反思自己的实际能力和付出是多少。我常常苦口婆心跟他们说，文凭不代表你的水平。文凭只是进我们公司的一块敲门砖，你的水平、能力很多是要靠后天努力实现的，不要觉得有一张大学毕业证书就了不得了。

还有就是责任心的问题。以前领导交办一件事情，我们会时时放在心上，晚上都睡不好的，一定会时不时去关心一下事情的进展。现在下班以后，你给他发短信，可能都没人回复你。

更有个别年轻人我行我素，对老员工、对领导不太尊重，更不要说虚心向老员工学习、踏踏实实工作了。

2020 年，朱在龙在《我怀念的忠诚、敬业与感恩》一文中感慨道：

看到今天许多人以满足物质欲望为人生的第一目标，全部生活由赚钱和花钱两件事组成，我为人心的贫瘠感到震惊，于是我怀念敬业。

如果一个人轻视自己的工作，那么他的工作一定会做得很粗糙；如果一个人认为自己的工作辛苦、烦闷，那么他的工作绝对不会做好。敬业，人的精神能力生长、开花和结果，久而久之，你的工作不会辜负你，你的工作技能得到提升，你的心性和人格也更加成熟，能够去接受更大的挑战，迎接更大的风浪。然而不可回避的是，现在大多数人工作的时候，想到的是如何帮自己获得最大的收获、最高的成长，他们把敬业当成老板监督员工的手段，看作管理者愚弄下属的玩具，认为向员工灌输敬业思想的受益者是公司和老板。然而，敬业的最终最大受益者是你自己。

看到有些人为了获取金钱，可以干任何违背原则、突破底线的事，然后又依仗金钱肆意享受，我为这些人灵魂的荒芜感到震惊，于是我怀念感恩。

每个人天性中都蕴含着精神需求，在生存需求得到满足之后，这种需求理应觉醒，它的满足理应越来越成为主要的目标。那些永远折腾在功利世界里的人，那些从来不谙思考、不懂感恩等心灵快乐的人，最大的问题正是信仰的缺失。在如今的形势下能拥有一份工作，让你不至于在柴米油盐中沉沦是一件多么幸福的事，对这个时代的状况有深刻忧虑和思考的人都会体会到，对精神世界的追求是多么切中时弊，不啻是醒世良言。①

---

① 朱在龙：《我怀念的忠诚、敬业与感恩》，载《景兴报》，2020年第11期。

主持人：从全社会来说，一些人躺平的心态是值得警惕的。这是不是代沟，或者说，是不是不同年代人们价值理念方面的差异造成的？

朱在龙：也许是代沟或者观念差异吧。现在有点倒过来了，我们老的希望效率高，节奏快，年轻人都是希望慢慢来。时代不一样了，也许他们是对的。随着社会物质生活丰富，可能整个生活和工作节奏都会放慢，也许大家都不干，大家都一样，也会活得很好。也许节奏慢下来是对的，但是踏踏实实、兢兢业业的态度，我想在任何时代都是需要的。

毕竟，我们国家也好，我们公司也好，还没有达到可以让人躺平的程度，你不上去就要面临被淘汰，这仍然是我们这个时代的特点。我们国家现在也是这样的情况，要朝全面现代化的目标努力，不进则退，如果大家都选择躺平，国家怎么实现现代化？所以，还是要有时不我待的精神的。现在是"新时代"，我想，每个人仍然都应该是"奋斗者"。

我们公司也是一样，要不断前进。我们进行智能化改造，我们提升产品品质，我们"走出去"，到海外找生产基地，都是为了更好地发展。我们提出"百年景兴"目标，不是喊喊口号而已，大家都要努力。

我希望越来越多干劲十足、拼劲十足、朝气蓬勃的年轻人，能够加盟到我们公司来。我们欢迎这样的年轻人，并且会给他们充分的发展空间和平台。

纸聚人才

主持人：您为景兴纸业培养和集聚了大批优秀人才，但人才队伍建设、人才梯队建设只有"进行时"，没有"完成时"，这方面您肯定还有很多期待。

朱在龙：如果公司人才青黄不接，会影响公司以后的健康发展。人才培养做起来了，企业发展就有了后劲，否则进入一个平台以后想再上另外一个平台就难了，没有动力了。

现在，我们钱有了，对于人的要求也更高了，要有人去掌控好项目，有人去掌控现代技术，有人去把我们的设想落地，把我们的设想变成生产力，把我们的设想变成我们景兴在新时期对国家社会的贡献率。这些转换都必须通过人来实现。人，成为公司发展的核心因素，也是现实瓶颈问题。

主持人：您已经想到景兴今后 10 年、20 年、30 年甚至 100 年的发展蓝图。您现在的人才梯队和您自己要求的匹配程度有多大，能达到百分之七八十，还是达到百分之五六十？

朱在龙：人才工作没有尽头。我们仍然有大量工作要做。目前，我觉得只达到我要求的百分之五六十，我还不是很满意。

所以，我们现在就要加速培养，人才是要培养的。我们需要更多百炼成钢的人才。

我还要求公司各级管理人员要养成"眼观四路、耳听八方"的习惯，多到基层了解情况，掌握基层最迫切的人才需求是什么，践行"耳闻目睹"的识才理念，避免"纸上谈兵"地识才，要深入一线去了解员工特点，从小事中发现人才、辨别人才、使用人才。

主持人：您或许还有些遗憾，但是我认为景兴纸业在人才培养方面实际上也是非常成功的。

朱在龙：应该说，我们很早就在人才引进、培养、发展方面采取了各种措施。我们成功引进过不少人才，初步实现了"纸聚人才"——用这张纸去聚拢大量人才，这些人才在景兴发挥了积极的作用。否则我们企业做不到现在这样的规模，也不可能成功上市。

"功以才成，业由才广"。在访谈过程中，景兴纸业党委副书记沈守贤告诉我们，景兴纸业不仅重视各类人才的培养，还通过岗位轮训的形式构建全员终身职业技能培训体系，每年组织职工职业技能大培训。2022 年，公司两个事业部开展培训 447 项，受训 9111 人次；各行政职能部门开展培训 125 项，受训 2222 人次；大师室开展培训 38 项，受训 539 人次；公司级开展培训 24 项（137 批次），受训 1729 人次①。

不做井底之蛙

主持人：40 年来，景兴在引进人才方面的成功经验和做法，您能大致介绍一下吗？

朱在龙：大概从 1995 年、1996 年开始，我们成规模地引进人才。我们从湖北工学院一下子引进了 30 多名大学生，这在当时已经是很大的引进力度了。事实证明，当时的举措是对的，他们发挥了很好的作用，到现在还有十几个人仍然在公司发展，而且大都在比较重要的岗位上。比如，我们的总工程师程正柏，我们的副总廖昌吕，都是这所学校毕业的。现在，公司的技术岗位上，基本上都是这些大学生在发挥积极作用。

我当时的基本想法就是，公司要发展，如果完全靠我们本地这些人才是不够的。我们不能做井底之蛙，我们要继续加大引进力度，要面向全国、全世界引进人才。虽然本地也有不少优秀人才，但更多的是我们戏称的"土八路"，这肯定是不够的。我们一定要到各类专业学校去招收更多的专业人才。这些人才懂专业

---

① 本课题组对沈守贤的访谈，2023 年 6 月 30 日。

问题,喜欢钻研造纸领域的各种专业性问题。

比如,我们从海外引进了两位博士,在帮我们做很多分析研究工作。

这些年,我们管理岗位引进的人才相对多一些,质量也都比较高。

主持人: 前两天我访谈公司副总徐海伟,他也是您引进的人才。访谈中他说,您是那年的年初三给他打电话,希望他到景兴来发展。他讲到这个细节,还是蛮感动的。

朱在龙: 对的。他原来是南京景兴总经理,现在是分管采购的老总。来公司前,他经常代表所在公司来跟我们公司结账。有一次,我们财务在给他们算账,他就在我办公室聊天,聊了一个多小时。我觉得这个人还是不错的,我就说,要不到我这里来发展吧。他说,我考虑考虑。那时快要到春节了。过年时,我就打电话问他,你考虑得怎么样了,鼓励他来公司发展。他现在负责公司非常大的一块工作,负责公司的采购工作。

主持人: 慧眼识人的前提是爱才,这是您的人才观给我的最大启发。景兴每年大概引进多少人才?

朱在龙: 中、高级技术和管理人员,我们每年要引进十多个。一般技术人才的引进就更多了。

主持人: 公司每年引进不少人才。人才引进考核方面谁说了算,怎么识别引进的人才?

朱在龙: 对引进人才的考核,我们有专业的机制和流程。我们请猎头公司去挖人才,我们自己每年也在招聘各种人才。我们每年会收到很多求职简历,经过筛选,先安排网上面试,面试通过的,再安排线下面试,等等。重要人才的引进工作,都是我亲自把关和掌握的。

我感觉,一个很重要的环节是引进之后的实践考核。我们一般都会给他一个平台,让他先来发挥,在实践中进行考核。因为引进时的面试等等，还只能是对这个人的大致了解。单单根据他所说的工作经历、能力，其实也很难甄别的。简历可能很漂亮，但是实际上到底如何，我们也不知道。现在看来，基本上半年以后，这些人才就可以表现出是不是符合我们的期望，我们可以判断他是否真的适合我们公司发展的需要。

主持人：引进人才有试用期吗？

朱在龙：我们有约定的试用期，一般是半年。我们给他半年时间，看能不能符合我们的需要。这些人才在简历上或者面试时，都会陈述自己的特长和能力，我们也会根据他自己的描述，做一些过程性的考核和观察。

主持人：半年的淘汰率大概有多少？

朱在龙：淘汰率是不确定的。有时候会低一点，因为我们有一个主动的协商谈判机制。比如，他投求职简历到我们这里，他期待的年薪是多少，但对于这一层次年薪的人才，我们是有相应要求的。如果经过一段时间考核，他达不到我们的要求，那么就需要沟通协商。比如，你的期待的薪资是否可以降下来。有的是愿意降低继续留下来工作的；有的则认为不能降下来，坚持要走，那就走了。

流动较多的倒是应届毕业大学生。现在，扎扎实实愿意从基层干起的人不多。我们每次给他们开会，我都提醒说，你这个文凭不代表你的能力，文凭是你找工作的敲门砖。现在，有些年轻人觉得我是什么什么大学毕业的，我是硕士研究生，就感觉很了不起了，有点飘。我反复跟他们说，文凭代表你过去在学校学习的能力，不代表你今天工作的能力，两者之间是有显著差别的。大学生要有好的发展，还是需要从基层踏踏实实干起。这一点，前面我也说过。

主持人：您还是很鼓励人才流动的，在您看来，人才流动应该是常态。这对于企业发展很重要。

朱在龙：是的。概括地说，我们景兴在如何用好人才问题上有两方面原则，一方面是要招到合适的人才，另一方面是人才一定要有流动。人才不流动的话，就会出现一些问题，甚至是很大的问题。如果大家长期窝在一个小圈子里面，视野受限，看不到外面的世界，都自以为做得很好，企业肯定就没有办法很好地发展。流动起来，细胞才能活起来。比如说，某个人才是从另外一个厂引进过来的，另外一个公司的管理方式、方法，肯定有很多地方值得我们学习，我们也可以取长补短。每个企业都有长处也有短处。

所以，我们的人才流动率、人员流动率指标，是要考核的。当然，这个指标不一定是硬指标，不是说你达不到这个流动率就要扣分，但是你要统计出来，做到心里有数。要有鲇鱼效应。有了鲇鱼进来，这个水就搅动起来了。你要放几条狼在里面，绵羊群才会动起来嘛。

留人的关键在"用"不在"留"

主持人：另外一个层面的问题是"留住人才"。平湖离上海很近，有些人才也是很容易被上海或者其他地方挖走的。我们经常说，要事业留人、感情留人，这两者您感觉哪个更重要一些？

朱在龙：两个都很重要。留住人才，是引进人才以后，我们必须考虑的另一个重要问题。对人才，不能只讲"重视"，不讲"待遇"，要把企业利益与员工利益捆绑在一起，让人才"名利双收"，他们才会有归属感与成就感。

从整个公司层面说，必须在制度上建立"能者上、平者让、庸者下"的公正动态机制，明确人才的发展通道，让人才有发展方向的指引，鼓励他们最大限度地实现自身价值。帮助人才做好职业规划,一个人只有在感知了职业发展的乐观前景后,才会激发出那种冲劲来。

所以,我感觉留住人才的关键,不是"留",而是"用",就是怎么样才能把这些人才用对、用好。要人尽其才,才尽其用。我的基本想法就是要给人才以平台,人才要有发展、施展才华的平台。提供一个合适的发展平台,是对人才最大的尊重。有时候,我甚至认为,好的平台对人才的吸引力可能超过待遇本身。当然,也必须给待遇。

平台让他们展现才华,而待遇则能体现他们的价值。

主持人:提供一个合适、充分的发展平台与机会,这是对人才最大的尊重,您的这个观点对我很有启发。确实,有些人来景兴工作,不是单纯地冲着工资高,很多人还是有很高的价值追求的,追求成功。他的诉求往往是:我想做的事情,公司到底能不能给我足够的资源,我的自身价值能不能在公司体现出来,我的专业优势能不能发挥出来。

朱在龙:有些人来公司以后,只要充分地发挥自己的才能,把他们的智慧、才能展示出来,他们就会有很大的成就感,这个时候我们公司才可以说是做到了"事业留人""平台留人"。公司不给他平台,不给他事业和发展机会,是留不住人的,除非这个人本身没有本事,也不求上进。不求上进的人,我们公司不需要也不欢迎。当然,绝大部分人都是想待遇能高一点,这也正常。

对那些上进人才而言,他们肯定要做事业,他们肯定要有一个平台去展示自己的才能。

基于这样的考虑,我们就大胆放权,大胆地使用。用人不疑,疑人不用,对他们充分授权。给平台给机会,让他们去自由发挥。这是凝聚人才的一个非常重要的方面。

留住三个就是胜利

主持人：讲到事业留人、环境留人、激励留人、发展留人，还有一个很重要的方面是"感情留人"，这方面景兴有哪些好的做法和特色？

朱在龙：我们也注重感情留人，除了对人才一般的关心以外，我们还有一些特殊的做法，取得了不错的成效。

我们在引进这些人才的时候，他们还都是年轻人，很多是从外地来到平湖，也都到了谈朋友、结婚生子的阶段。我感觉，我们对此不能无动于衷。我们就主动帮他们牵线搭桥，做好红娘。他们大多数娶的都是我们平湖的姑娘。这个很重要。现在看看，能留在这里，大都是娶的当地老婆，不娶当地老婆的，要么是夫妻两个一起来的。

凝聚人才要从小处着力。我概括，留住人才的最好办法，第一步可以称为"业缘"，这主要就是事业、平台留人；第二步可以称为"姻缘"，另外一半在平湖；第三步是"血缘"，家庭在平湖。外地来的人才在平湖找到对象，结了婚，生了子，就是扎下了根。

当然，引进人才，留住人才，也不能过于理想化，招进 10 个人才，最后留住了 3 个，我感觉就是胜利。能留住人就是胜利。

主持人：有道理！我们现在一所高校招聘 10 个人，若干年后能留住 3 个吗？也未必嘛。有时候可能连 3 个都留不住。有的人干着干着就跳槽了，或者干脆就出国了。所以，实际上景兴能留住三个人，就是很大的胜利了。

朱在龙：10 个人招进来，这 10 个人不可能都跟我们的企业文化、思想理念、价值观念是一致的，这客观上也不可能。招进来 10 个人，不可能 10 个人最后都留下来。

所以,我对一些部门领导讲,你进 10 个最后能留住 3 个就可以了,就很成功了,说明还是有 3 个人认同我们企业的。员工留下来,有很多原因,我想其中很重要的,就是对企业文化的认同。一个企业如果只讲金钱,管理无方,关系紧张,如果没有企业核心价值的引领,没有职工的文化认同,没有公司上上下下理念的共鸣,是很难吸引到优秀员工的,优秀员工在这样的企业里也是待不久的。

如果职工在我们企业能够感受到不一样的氛围、不一样的价值理念、不一样的文化氛围、不一样的规章制度,那就说明我们景兴有不一样的吸引力和凝聚力。

主持人:景兴为了留住这 3 个人,做了 100% 的努力,这就是我们的胜利之道,是我们人才助力发展的一个诀窍所在。

朱在龙:引进的人才,你 100% 留住是不可能的,但我们要尽 100% 的努力留住他们。如果你 100% 都留住了,从某种意义上说,你的人力资源管理也是有问题的。我们需要员工流动,我们允许甚至也鼓励员工流动。每年有 10% 流动是正常的。都留住了,说明流动就少了。如果有人认为景兴这个平台还满足不了他,他要走也就让他走嘛。对他来说,他在寻找更好的发展平台,同时,对我们公司来说,我们也可能引进水平更高的人才。我们欢迎外面企业员工流动过来,每个企业都有长处和短处,他可能把其他公司好的东西带过来。我们把公司外围的新思想、新思路都带进公司来。所以,人员适度流动有利于整个公司员工队伍素质的提高。

景兴中青班

主持人:除了引进人才,景兴也非常注重人才的培养工作,有很好的传统。40年来,景兴通过各种方式培养了大量人才。

朱在龙:我们一直很注重人才工作。通过"请进来、送出去"的方式办班、通过技术等级评定、通过师徒制、通过引进人才,等等,都取得了较好的实际效果。特别是人才的培养、干部的培养,我们公司积累了很多经验,也有一些比较成熟的机制。

我们在多年前就举办了中青年干部培训班(简称"中青班"),每两年一期,培养了很多青年干部。其中一个培养重点就是现代管理理念,通过这个机制,逐步打造出景兴纸业的干部梯队。我们中青班培养的是我们公司的后备干部。我们已经形成了一个制度。

我们通过"请进来、送出去"的方式,培训了一大批公司发展的骨干人员。

《景兴报》报道说,中青班作为景兴的"黄埔",是人才梯队建设的"蓄水池"和"生力军"。2017年5月,景兴纸业第一期中青班正式开班。第一期中青班共有27名学员,经过层层严格考核和选拔产生。朱在龙在动员讲话中强调:打造百年景兴,需在人才梯队建设方面做精做强,大力培养复合型人才。他告诫学员们要心怀感恩、敬畏、忠诚,要有事业心,在通过培训提高职业素养和业务水平的同时要牢记以下六点:服从大局,要有全局意识;要有良好的沟通能力;做人要低调,做事要高调;工作要有责任心;要注重工作效率;要有"四敢一不怕"精神。他要求大家目光要放长远,要分清主次矛盾,紧跟企业发展步伐,持续发挥自己的比较优势,并向大家推荐了毛泽东的三本书——《矛盾论》《实践论》和《论持久战》。

第一期中青班以专题授课为主要形式,采取研讨交流、案例教学、挂职锻炼为辅助的教学方法组织开展。培训课程涵盖品德修养、管理理念、业务实操等各个方面的专业知识，旨在培养品德修养高、管理能力强、业务水平精、工作干劲足的高素质复合型人才，努力使中青班学员既有业务精干的"才"，又具备勇担使命的"德"。

2019 年 5 月 28 日，第一期中青班反哺培训班开班。反哺培训班学员来自公司各部门，通过员工毛遂自荐、部门和公司推荐产生，是各部门、各条线上优秀基层管理干部代表或优秀员工代表，更是渴望学习、力求成长的后备人才。本次反哺培训共设置 10 堂课，10 位培训老师是第一期中青班学员，都是工作经验丰富的老员工。老师们围绕中青班的知识点，结合实践工作经验进行培训讲解。[①]

主持人：听到"中青班"这个概念，我是非常亲切的。我们学校每年举办两期中青班，培养高层次后备干部。景兴的这个中青班，有哪些方面的做法您认为是很有景兴特点的？

朱在龙：我们中青班开展课题研究、实行"互挂"等制度是很有特色的。

我们规定，现在公司要提拔的干部，一定要在中青班经过培训，只有经过培训合格才可以获得提拔机会。每年有二三十人成为我们中青班的学员。我们中青班教学设计的内容是很丰富的，学员要做研究性课题。还有一个做法我们叫"互挂"，比如你是管销售的，到生产一线去挂职锻炼，我们要培养复合型的人才。不能搞销售只懂销售，搞生产也是两耳不闻窗外事。这些人才，将来到任何地方都有能力做到更高位阶，甚至可以做老总。

---

① 引自《景兴报》报道，2019 年第 6 期。

主持人：这些做法，对我们也很有启发。进中青班的这些学员，主要考虑是他们在管理方面能力的提升，还是专业技术方面能力的提升？

朱在龙：我想是全方位能力的提升，包括管理上、专业技术方面、公司文化方面，甚至很多个人思想素质方面的内容，如礼仪、心理等，我看都有培训的需要。

我们请了外面的老师来上课，我们自己也上课，学员们也要互动研讨，还有带课题做研究，最终目的就是希望能够锻炼一支复合型人才队伍。我们现在缺少复合型人才，大多数干部只懂某一个领域。造纸的，懂了销售，对于质量的理解会更全面。销售的人才，懂得了生产过程，有助于更好地了解产品特性、特点，这对做好销售工作有好处，他们向客户介绍产品会更到位。复合型人才的培养，可以促进公司实现更高质量发展。

2020年11月3日，景兴纸业第二期中青班举行启动会。朱在龙到场讲话。他说，打造百年景兴，需要在人才梯队建设方面做精做强，大力培养全面发展的复合型人才。他告诫学员：要有明确的政治站位和高度的企业认同感；要有求真务实的思想品德，坚持表里如一，注重忠诚、敬业、负责、进取、感恩等基础个人素养的培养；要有过硬的工作作风和工作能力，坚信机会永远留给有准备的人。他希望全体学员通过中青班的系列培训，能够实现从实践到理论再到实践的蜕变和升华，使自己真正成为打造"百年景兴"的栋梁之材。①

之后，第二期中青班同样以反哺的形式进入人才培养的链条中。以"培养的人才"反哺"人才的培养"，景兴

---

① 引自《景兴报》报道，2020年第12期。

独特的人才培养和人才复制机制富有特色。

主持人：景兴还有一个很好的做法，就是"师徒制"，老师带徒弟，做得非常好。我在学校也带过徒弟，我感觉这种培养方式是很有实效的。

朱在龙：师徒制我们很早就开展了。每个进来的新员工，我们都有指定的带教老师。不能放养式，我们还是有的放矢地培养。师徒制，我们花了一些力气，实施的效果还是很好的，可以帮助年轻人很快适应和成长起来。

主持人：中青班研讨、课题、互挂，以及师徒制等等，包括"大师工作室"建设，都是我们景兴纸业在多年实践中积累起来的好经验，值得推广、复制。

朱在龙：当然，面向未来公司的发展，我们仍然有短板，还有很多工作可以做。尤其是复合型人才，既懂技术又懂经济也懂管理的人才，我们远远不够。

2023年3月9日，"景兴工匠学院"在程正柏负责筹办下宣布正式成立。如前文所述，景兴纸业在发展过程中，紧紧围绕两条主线：一是围绕发展这个硬道理，不断扩大销售市场，带动产能和销售额的提升；二是不断强化人才梯队的建设，激活一池春水。景兴纸业以工匠学院的成立为契机，努力给员工打造一个标准化、专业化的学习平台，培养一支高素质的技术人才队伍，为公司高质量发展不断输送高技能人才，不断培养员工专注技改的意识和品格，让每一张从景兴制造出来的纸都凝聚着景兴人的智慧和匠心。

2023年3月，景兴纸业与马来西亚优理大学、嘉兴南洋职业技术学院共同签订了中马"丝路学院"合作框架协议,携手共建"一带一路"人才培养培训基地。2024年4月18日,浙江景兴纸业、嘉兴南洋职业技术学院与马来西亚优理大学三方成功举办了中马"丝路学院"现代学徒制联合培养班合作协议线上签约仪式,通过联合培养、定向培养,为景兴纸业提供可持续的专业人才,为公司海外生产基地人才需求提供有力支撑。

景兴大学构想

主持人:复合型人才的培养是一个系统工程,我们已经有了很好的探索。着眼于未来景兴的发展,我们还有什么样的新打算或者举措呢?

朱在龙:接下来我们打算办我们自己的大学,办"景兴大学"。初步打算是招聘高校退休老师到我们这里来任教。我们招收高中生、中专生,这些同学毕业以后,如果想要来景兴,要再上一年的课作为培训,一年以后就直接上场了。半天在车间,半天到学校,到班级里去上课。我们现在科研用的仪器非常多,跟好的专业院校的实验室是一样的,学生经过一年的培训,会把整个专业生产的流程搞得非常清楚。

我们想通过开办自己的大学,通过自己的方式培养更多人才。我们每期可能办两个班。除了请学校里退休老师上课,我们自己也会组织师资力量去上课。其中半年时间学的是造纸理论,半年时间学的是造纸实践。

主持人:这个教学方法非常好,您早年在浙江省造纸学校就系统体验过。

朱在龙:是的。这种教学方法最大的好处就是可以根据我们企业的实际情况、我们设备的实际情况,定制专业课程。学校里的教学一般是偏重理论教学。我们公司自己编教材,把实践中遇到的问题,把国际造纸技术发展的前沿问题写进去。

主持人:确实,我们可能还有少数老师,到现在基本上还是一份讲义小修小补讲一辈子,缺乏时代意识和危机感。

朱在龙:应该建设属于我们景兴特有的课程体系,我们高管也可以定期给他们上课,这些课程的实战性会非常强。我们中层管理干部、技术人员都可以去给他们上课。企业师资主要是针对实战课,理论性的课程可以和其他学校合作来办。更重要的是,在一年的培训中,我们会把景兴文化、景兴精神一并灌输给他们,可谓一举多得。

主持人:这是非常好的构想。培养人才需要投入大量的人、财、物,但是磨刀不误砍柴工,我相信这个培养人才的"景兴模式"会取得很好的实际效果。

朱在龙:我们想尽快开始实施,最好明年就开始实施。原来我们和一个地方职校谈了好几次,希望和这个职校合作办班,但他们好像有点举棋不定。所以我就想,要不干脆我们自己办一个学校吧。反正我们自己有很好的教室,也有不错的宿舍,我们有软硬件优势。办起来了,我相信会对企业的发展注入更为强劲的动力。我看了一些资料,看到以前我们一些央企好像都有自己的学校,企业办大学、办研究院的现在已经有不少。我们研究院办好了,成为浙江省重点企业研究院。我们还可以尝试办学。

主持人:企业办学也可以依托我们的研究院。是否可以这样理解:景兴大学主要是有针对性的职前教育,在成为员工之前先进行有系统的实战训练。

朱在龙:可以这么理解吧。可能会有一个逐步探索和发展的过程,刚开始的重点就是职前教育。我想,可能会有一到三年的时间,重点放在职前教育。在这个基础上,我们可能会不断增加职中教育的内容。有些职工做了两三年的,可能一直在岗位上,需要重新回到学校,再进行一些系统性的提升,职中教育也可以提供一些非专业的文化类课程,这也很有好处,我们都需要终身学习嘛。

主持人:您对这个大学的定位,主要就是职前教育和职中教育。如果有些年轻人比较优秀,公司准备提拔的,也可以到这个学校里来学习,我们的中青班也可以放进来,可以称之为晋升培训。晋升之前必须有个培训的过程,更高层次上的培训。我们干部队伍的培训就是这样的,提拔使用前需要各类培训,是一个道理。只有这样,我们的人才队伍才会有源源不断的滚动式发展。这既是企业文化,也是人才战略。我相信,这个战略对于景兴发展会有很好的综合性效益。

朱在龙:我去日本考察过不少企业,它们都有自己的技术学校,这些技术学校承担了部分国家教育的功能与责任。因为与企业发展联系极为紧密,所以这些学校学生的学习内容很超前,动手能力也很强。很多工匠就这样培养出来了。因为各种原因,我们好像不太看得起技校,看不起动手能力的培养,所以很多学生虽然大学毕业了,但动手实践能力很弱。我们不能看不起技校。技校搞得好,可以培养大量优秀工匠。

我到过日本静冈县参观访问。静冈县有个企业叫相川机械株式会社,静冈的职业技术学校就是这个企业参与建设的①。这个学校有 1 000 多个学生,主攻机械专业,培养机械类的蓝领人才,国家也给钱,企业定向培养。他们告诉我,学生还没有从学校毕业就被企业抢光了,因为培养的针对性太强了。

日本的职业技能教育起源于 20 世纪 50 年代,随着经济飞速发展,就业市场对高素质的职业技能劳动力的

① 参考网页:https://www.aikawa-iron.co.jp/。

需求日益增长，大量专门学校应运而生。与普通技术学校相比，专门学校的教学更加注重实践，更加贴近实际需求。在日本，许多企业都非常倾向于雇用专门学校的毕业生，因为他们的技能和能力非常符合行业要求。①

主持人：从我们国家高校来看，造纸学科最强的高校是什么学校？

朱在龙：有不少大学都不错。南京林业大学这个专业是比较前沿的。这个学校前身为中央大学森林系和金陵大学森林系，新中国成立后合并组建南京林学院，后来改名为南京林业大学。南京林业大学的毕业生，实践经验和职业操作能力比较强。华南理工大学的特点是理论研究这一块比较强。华南理工大学在广东等地是比较有名的大学。我们造纸行业最早的一位院士陈克复就是华南理工大学的。我们每年会从南京林业大学、华南理工大学、浙江科技大学、陕西科技大学、天津大学等学校招收不少大学生。其中，有的是通过校招方式，有的是定向招生。我们和浙江科技大学有定向培养协议，已经办了好几个班。

主持人：通过景兴大学这样一个平台，我们可以逐步打造有一定影响力的造纸业人才孵化基地。

朱在龙：对，我们希望通过这样的平台、机制，把我们的企业文化，我们的管理理念、思路、方法，固化起来、传递下去。

---

① 《打造个性品牌：日本专门学校培养职业技能》，参考：https://baijiahao. baidu. com/s? id＝17716592430012019367&wfr＝spider&for＝pc。

厚积科技创新之力

创新,是企业发展的不竭源泉。企业高质量发展,离不开创新活力。近年来,景兴纸业坚持"科技兴企、人才强企"的发展战略,积极鼓励广大技术人员立足本职、刻苦攻关、攻坚破难、大胆创新,在优化和改进工艺、开发创新等方面取得了丰硕成果。

朱在龙经常说"不创新,则死亡",鼓励干部职工积极作为,消极不作为就是"全错",要以强烈的竞争意识和危机意识,勇于创新,开拓新路。

在接受我们的访谈时,钱晓东就很有感慨:"朱董鼓励试错,鼓励大家去尝试新的东西,他一直讲,不成功也是正常的。对于不成功的项目,大家会去考虑后期如何优化,如何能够取得成功。所以我们这几年的节能降耗、改造创新非常多。比如透平风机。我们原来是利用真空脱水,转速比较慢,效率比较低。后来我们改成透平风机,转速快,效率高。转速达到 1 万的话,能节约 20% 左右的用电量。"[1]不论是在技术生产、服务经营、节能减排,还是安全培训、管理方式等方面,都需要创新因素的加入,以创新保领先成为景兴纸业重要的基因。

---

[1] 根据本课题组对钱晓东的访谈,2023 年 6 月 30 日。

景兴研究院

主持人：您对科技创新工作一直高度重视，在科技创新方面特别舍得投入，很多是大手笔投入。

朱在龙：在科技创新方面，我们公司长期以来一直都十分重视。我们花了很多精力、资金，持续不断地推进各种技改项目，不断加大对技改项目的投入，进行技术层面的不断创新。我们很早就成立了专门的技术研究中心，研究解决生产过程中各方面的技术难题。我记得 1999 年我们就投入了近 1000 万元，现在我们在环保和技改上的投入总额已经达到数亿元。

每一次技术、工艺上的创新，都在促进更高效率、更高质量的发展。所以，这方面的投入再多我感觉也是值得的。

主持人：在一些不了解现代造纸业发展的人看来，造纸业似乎不需要非常高的技术含量。科技创新在今天造纸业发展过程中，到底发挥着什么样的重要作用？

朱在龙：工欲善其事，必先利其器。科技创新对于我们公司的发展有着无可替代的巨大作用，可以说是举足轻重的作用。无论在产品品质的提高还是成本的降低方面，科技发挥的作用越来越大。

从产业门类来说，我们造纸应该归类于传统制造业。我们之所以强调科技在今天造纸业的作用，并不是说要制造出什么高精尖、科技含量很高的产品出来，而是说我们越来越强烈地感受到技术对于现代造纸产业发展的独特价值。在造纸行业里，我们的产品做得怎么样，是不是能生产出市场适销、品质稳定的产品，我们的品质是不是比人家高一些，我们的产品成本是不是要比人家低一些……所有这些，越来越需要科技创新的有力支撑。现在，比以往任何时候都需要强调"科技造纸"。我们重金投入科技创新、重金投入建设我们研究院的一个原因，就是现在市场竞争已经到了非常激烈的程度，从管理层面来说，公司生产经营中所有浮在面上的问题，都已经基本解决。也就是说，所有能够降低成本、提高质量的非科技手段都已经穷尽。现在只能用科技的手段去进一步降低成本、提高质量。

1995 年景兴纸业就成立了技术研究开发中心，2006 年经浙江省经贸委批准成为"省级企业技术中心"。经过多年的建设，该技术中心具有较为齐全的化学、原材料分析和试验仪器等先进设备，配置有化学分析室、原材料分析室、中试车间和恒温恒湿测试中心。2014 年景兴纸业成立"企业研究院"，2023 年，研究院被浙江省科技厅认定为"省级重点企业研究院"。

景兴纸业技术中心先后开发了高强烟箱专用包装纸系列、高强度低定量牛皮包装纸系列、高强度环保纱管原纸系列、冷冻箱专用纸、环保白面牛卡、高强度防潮型电商包装纸、柔滑卫生纸、润肤保湿卫生纸等系列产品，获得"省级新产品"26 项，其中高强度低定量牛皮箱纸板被列入"国家级新产品"，"环保型低克重高强度瓦楞原纸"获嘉兴市科学技术进步二等奖。先后承担完成平湖市科技发展重点计划项目"环保型低定量高强白面牛卡纸开发和产业化"、浙江省科技厅重大专项"废纸造纸污水微排放 DCS 控制关键技术研究与示范项目"。完成与浙江大学合作承担"国家'十三五'水体污染控制与治理科技重大专项——嘉兴市水污染协调控制与水源地质量改善项目造纸废水资源化利用升级改造示范工程"项目的研发。景兴纸业技术中心将在清洁造纸、节能降耗、高性能产品开发方面不断深入，技术研发创新能力力争全面达到国内行业内领先，部分达到国际先进水平。

主持人：我们参观了景兴的企业研究院，规模大，设施也很完善，很少见到一个民营企业能真刀真枪、真金白银地把研究院建设到这样的程度。我们的研究院建设有多长时间了？

朱在龙：景兴研究院自正式启动时间并不算太长，但已经发挥了很好的作用。最近，我们研究院从新西兰引进了一位专门研究纸浆的全职博士。她把我们所有产品的纸浆构造，所有生产流程中的纸浆的纤维结构、化学结构都分析出来，再去指导我们的生产，对降低成本等起了很大作用。

我相信研究院发挥的作用会越来越大。

2023 年 11 月 30 日，《浙江省科学技术厅关于公布 2023 年新认定省级企业研发机构名单的通知》发布，浙江景兴纸业的研究院被认定为"浙江省绿色低碳造纸技术重点企业研究院"，成为平湖市首家省重点企业研究院，这既是对企业技术研发创新实力的认可与肯定，也表明了企业在推动科技创新研发平台建设、加强科技创新能力方面取得新突破。也就是说，景兴企业研究院是全省技术创新中心体系的重要组成部分，是企业优化创新资源配置、突破关键核心技术瓶颈、补强产业链创新短板、促进产业优化提升的省级企业研发机构。景兴企业研究院以技术创新和绿色发展为核心，不断推进造纸产业绿色低碳和可持续发展，在追求产品高品质的同时，更注重产品的环境价值。

景兴纸业的省级绿色低碳造纸技术重点企业研究

院目前拥有 2 350 平方米的研发场地及总价值近 5 000 万元的先进科研设备,拥有专职研发人员 206 人,其中博士 4 人,硕士 11 人,本科 100 人,研究院本科或中级以上职称研发人员 126 人。在研究院内,有纤维分析实验室、原料检测实验室、恒温恒湿分析室、生化分析实验室、分析测试中心等多个实验室。在研究院的有力支撑下,景兴纸业先后获得工信部国家首批节水标杆企业和资源节约型环境友好型企业、浙江省绿色企业、浙江省创新型示范和试点企业等荣誉;截止 2024 年 9 月获授权专利 81 项,包括有效发明专利 24 件;主持或参与国标制定 10 项;承担国家重大专项和省重大科技专项各 1 项。

主持人:研究院引进了全职博士,对公司也好,对博士也好,我相信一定会是双赢的效果。研究纸浆的科研人员,到我们这样的大型造纸企业就对路子了。我们昨天在研究院没碰到她,她下车间去了。

朱在龙:我们要求研究院的研究人员,每天要下车间去了解生产情况。一旦生产线上发生什么问题,也要请研究院及时帮助出谋划策、分析解决。

现在的造纸过程是一个自动化程度很高的过程,单靠两只眼睛是看不出问题来的。造纸过程的后半段,采用的是蒸汽烘干方式,而前半段是一个流体力学的过程,靠人工方法是看不出什么道道来的。特别是后半段的这个过程,实际数据要靠研究分析才能得出结论。也就是说,在这个流体力学过程中,流速到底如何,纤维韧性到底如何,纤维长短如何,等等,都会构成纸张品质方面的明显差异。所以,必须依靠科学研究,依靠我们的研究院。

2011 年 4 月 9 日,景兴纸业与浙江科技学院合作的成人教育班开班标志着校企合作的深化,同时这也是开展高质量职业教育改革的应有之义。专科教育时间为 2.5 年,本科为 5 年,采用面授及网络授课相结合的方式进行,由浙江科技学院老师定期来公司授课,毕业后由浙江科技学院成校颁发毕业证书。首次报名共有21 人次,参加报名的员工中年龄最大的达到 42 岁,其中轻化工程本科专业 6 人次、制浆造纸技术专科 4 人次、制浆造纸技术(装备及其自动化)专科 11 人次①。终身教育的理念被贯彻到了企业的人才培养中,职工在比学赶超的氛围中有了"不学习就要落后一步"的紧迫感,打破固定型思维模式,树立起了"终身都在成长成才路上"的理念。

2012 年 6 月 7 日,教育部、财政部等 23 个部门联合发布《教育部等部门关于建设国家级工程实践教育中心的通知》(教高〔2012〕8 号),公布了首批 156 所高校与626 家企业联合申报的"国家级工程实践教育中心"共建单位名单。景兴纸业与浙江科技学院等联合共建的"国家级工程实践教育中心"名列其中,形成人才培养、科学研究、实验室共建等校企合作新模式。

景兴纸业重视产学研相结合的科技创新工作,先后与浙江大学、南京林业大学、华南理工大学、浙江理工大学、陕西科技大学、齐鲁工业大学、天津科技大学、浙江科技大学等国内知名院校和科研机构建立了长期的合作关系,并根据科技创新项目的需要,聘用国内外行业专家、教授、高工、博士等创新链上的高端人才,参与项

① 《校企"牵手",人才"充电"》,载《景兴报》,2011 年第 5 期。

目管理、开发、中试和技术指导工作,先后设立了博士后工作站和院士专家工作站。

院企合作

主持人:我们努力把研究院做实了。我们还会引进其他博士吗?企业引进全职博士,会遇到什么样的障碍?

朱在龙:我们公司现在和很多大学有很好的合作,比如南京林业大学、华南理工大学、天津科技大学、浙江科技大学、浙江大学、嘉兴大学等,都有很好的长期合作。

我们会把研究院建设好,还在继续加大建设力度。我们还在思考或者说探索一种新的引进博士的方式,比如博士生的身份挂在某个高校,人事关系在高校,他可以是这个高校的博士、教授,但他的实际工作在我们景兴纸业。他一个月在学校上四五天课可能就可以了,其他时间都在我们这里潜心开展相关研究。

主持人:这是院企合作的一个新模式吗?

朱在龙:如果能探索出来,这应该是院企合作的一种更加紧密的模式。一般情况下,院企合作往往形式大于内容,很多是大家签个合作协议,合作方式相对松散,专家教授一个月甚至更长时间才来公司一次。我们希望博士能常驻在我们公司。

主持人:这种合作方式下,博士对于公司的黏性更高,更容易出成果,对各方都有好处。

朱在龙:对,他可以专心致志为我们服务。说实在的,如果让博士生毕业后直接到公司来工作,多数博士可能不愿意,因为到了企业,他原本在体制内可以享受到的待遇,比如职称、事业编制等就无法解决。但是,他现在是某高校的老师,大学的工资待遇、职称评审等都可以享受,他又可以通过我们公司的平台资源去开展研究,获取一手的研究资料。我们公司则可以更好地利用高校的实验室或者他们的研究力量,利用好他们的试验仪器。而对高校来说,通过这样的机制可以吸引更多博士生进来,对学校发展也有好处。这样的机制,对于我们双方或者说三方来说都有需求,都能从中受益。

主持人:我们在思考、逐步探索的这种院企合作模式,对其他企业和高校来说,会有很好的参考价值。

朱在龙:特别是对博士生,从这样的合作中可以得到更多益处,他们走出了象牙塔,研究视野更开阔了,研究更接地气了,会产生更多可以应用的创新研究成果来。

景兴博士后工作站于2017年4月通过浙江省博士后工作站的审批,同年11月获得浙江省人力资源和社会保障局的授牌。工作站先后有6位博士后进站开展相关博士后科研工作。景兴博士后工作站获得中国博士后基金面上项目5项,浙江省博士后课题择优资助项目2项,申报国家发明专利13项,发表23篇中文论文和15篇SCI高水平学术论文。

景兴院士工作站于2017年11月正式签约运行,2018年4月通过第九批嘉兴市院士专家工作站的认定。合作院士为加拿大工程院士倪永浩,目前他在加拿大新不伦瑞克大学工作,专业领域为机械浆漂白、高得率浆的性能和应用、生物精炼、纳米纤维素的制备和应用。院士工作站已经完成2个科研项目的研发工作,发表30余篇专业论文,获得发明专利1项、实用型专利10项、外观专利2项,研发出5个新产品,制定了2项产品标准。2020年4月5日,公司聘请蒂莫·理查德·尼伯格担任公司海外人才工作站负责人。海外人才工作站主要课题为纸机生命周期和纸机维护、能源节约的设备与技术等,不断助力公司科技创新。

要鼓励试错

主持人:党的二十大报告强调,科技是第一生产力、人才是第一资源、创新是第一动力。您一直鼓励开展科技创新,曾提出,不要害怕错误而不积极去创新,要敢于把自己的创新想法付诸行动,企业对于创新失误应该给予宽容。宽容失误,对于推进科技创新意义重大。

朱在龙:我们对科技创新、科技人才队伍建设,有一个比较完整的容错机制,这也是我们景兴的文化。我们鼓励科研技术人员大胆地去探索,不要老是小心翼翼、畏手畏脚,不要老是怕做错什么事情。做错了,只要你是从公司利益出发,初衷是为公司的发展,有这个大前提,我们就给予宽容。

现在新闻里面讲到"容错机制",经常讲"三个区分开来",对我们很有启发。特别是,其中把因缺乏经验先行先试出现的失误与明知故犯行为区分开来,把为推动改革的无意过失与为谋取私利的故意行为区分开来。科技创新的试错,道理也是一样的。

主持人:在我看来,不断试验,敢于试错,积累经验,把其中的成功经验制度化,逐步推广,这也是我们国家近半个世纪改革开放取得成功的一个基本经验。

朱在龙:是的,"摸着石头过河"也含有这个意思。摸着石头朝前走,可能过河,也可能最后没有成功过河。但是,你不朝前走,就永远在原地,永远过不了河。

主持人:鼓励试错,体现了您作为企业领导者创新思维的大格局。

朱在龙：试错可以帮助我们更好地了解问题，朝前突破。发现错误，发现问题的症结，也是非常珍贵的。你一直不去试，虽然没有损失，但是也不知道问题到底在哪里，就没有进步和创新。

如果一直不去试错的话，创新机会就被白白地浪费掉，这往往造成你无法计算出来的巨大损失。所以在我看来，试错可以看成是公司成长过程中一种必不可少的投资。每一次的试错，都能获得极其宝贵的经验。

对成功率要有合理预期，不能指望所有的事情都一蹴而就，对出错率要有一定的容忍空间，不能指望所有的设想都能够一毫不差地得到实现。

主持人：当然，试错是有成本的。因此，试错也不能开无轨电车。试错是不是也应该有一定的规则、章法？

朱在龙：是的。试错也要有程序。要允许试错、鼓励试错，但也不能随意试错。比如，试之前，应该先把研究方案做扎实，要明确一些程序性要素，比如为什么要研究这个问题，我们这个试验想要达到什么目的，大致的实施方案、步骤，等等。有的要经过专业机构或者专业人士评审，评审的重点就是这个方案的可行性。有的项目，经过审核可能有80％的把握，我们坚决支持他们去试，哪怕失败，或者付出比较大的成本也在所不惜。有的项目，很可能是第一次试不成功，第二次成功了。这种情况很多。失败的，没有关系，我们总结一下，再调整一下方案就可能成功了。要有"万一成功了呢"的期待，万一成功了，公司可能一年就省下几百万元甚至更多。

不试错的损失是无形的

主持人：前面我们讲到，试错有成本，有的时候成本甚至会很大,您是怎么看待这个问题的?

朱在龙:这要看你怎么去平衡了。要知道,不试错的损失是无形的、看不见的,但很可能是没有底的。经过试错,才有可能确认是对是错,这个成本可见、可控,也是值得的。比如,在我们造纸业中,纸张强度是很重要的质量指标,如果某个材料应用的试验可能提高我们纸张的强度,我们就要鼓励。如果不去试,就永远停留在这个水平,纸张强度得不到提升,质量就一直上不去。但如果你去试了,而且把问题解决了,公司收益可能会很大。在这个过程中,你或许没有成功,试错了,损失其实是可以计算的,比如我们一次试验可能需要投入 5 万元、50 万元,失败了,就是损失 5 万或 50 万块钱。这是可控的、有限的。但是,如果成功了,就可能为公司创造巨大的利益。所以,不试的损失比试的损失更大。我们鼓励大家大胆去试,大胆去闯,只要你的主观出发点是好的,只要你的目标是为了企业降低成本、提高质量、提高效益的,都应该鼓励去试。

主持人:不试的损失比试错了的成本更大,不试错的损失是无形的。这个观点很有价值。但是,实践中大家都会担心,万一试错了,钱会砸在自己手里。所以,心理上还是会有很大压力的。

朱在龙:这里的关键就是领导班子。领导班子特别是一把手的理念很重要。同时,容错规则的设定也很重要。容错的规则要明确,让敢担当、敢作为的人不吃亏。失败了,我们就重新试嘛。如果一把手立场明确,公司的探索、研究氛围就相对比较浓。在我们景兴,科学试验、试错的经费,我们在可能的范围内给予保障。

我有时候看新闻,了解到有很多领域的科技创新能力还不强,恐怕也与鼓励创新的制度设计有关系,与创新容错制度设计有关系,万一失败了,责任太大。我相信,虽然我们目前的半导体、芯片卡在人家手里,但如果我们不断投入,不断鼓励企业、科研机构、科学家去试,只要方向不偏,我们的半导体、芯片技术迟早会超过人家。现在,有很多地方开始探索鼓励创新的容错制度,这是一个很好的趋势。

我去过嘉定的微电子工业方面的一个研究院,这个研究院集中了一批搞芯片的海归学者,一点点在推进,先做起来,失败了再来,不断试验。他们鼓励海归学者回来探索,很多项目上百万、上千万元地投入,你不成功我就损失几百万或者上千万元,但如果有成功、有突破,那收益就无法用金钱来计算了。我看到这种对试错的制度保障,也看到我们国家未来科技更加成功的希望。听说他们已经孵化出了好多成功的项目。慢慢地,会像美国硅谷一样,或者像号称"台湾硅谷"的新竹科技园一样,取得很多成功。

所以,一定要鼓励大胆去试。在科研创新方面,我们不能永远要求做绝对"对"的事情,因为很多时候去试"错"的事情,也许意义会更大。

主持人:对于创新,我们不能要求只做"对"的事情——为您的这个观点点赞。容错机制,其实就是要营造出一种创造、创新的文化氛围来。

朱在龙:我们的创新文化,或者说试错文化,需要不断去培育。关键是,一旦他试"错"了,我们的同行、同事用什么样的眼光、什么样的态度去看待他,是宽容、鼓励,还是用异样的目光看待他,甚至动辄给予处分? 所以,关键在于当家人。当家人倡导创新,鼓励大家敢于试错,那么创新的环境就比较宽松,也容易出成果。

我们公司现在有很多技术在国内比较领先了。在试验、试错过程中,如果有损失,如果领导能第一个主动出来担责,宽松的创新氛围就会起来。错了算我的,下属才敢试。我每次开会都说,只要你们把方案做好,认真论证了,只要不是一个人随便拍脑袋拍出来的,而是集体讨论论证研究的方案,即便在试错过程中会有损失，甚至有较大的损失，科研人员也不要有心理负担。对公司来说，我们把创新或者说试错项目列入公司工作计划，列入科研计划，给予科研经费资助，实际上就是将创新、试错合法化，从制度上允许失败。

公司科研经费是公司发展的组成部分，本身也是要花掉的，这些科研经费不能省下来，把这些钱省下来，本身就有问题。科研经费不是用来发奖金的，更不是用来吃吃喝喝的。我们有的单位，可能把这些经费挪用了，甚至喝酒喝掉了，那么科研经费再多，也不可能有产出。

主持人：科研经费要用在试错上，用在创新上，用在刀刃上，而不能用在其他地方。

朱在龙：科研经费必须用到科研上。我看到有的资料说，我们有些地方的科研经费，真正用到一线科研上的只有三分之一左右，这是很可惜的。科研经费很珍贵，一分一厘都应该用在科研上。

在景兴纸业 2022 年度群团工作总结表彰暨正风肃纪工作会议上，朱在龙说，这些年来，景兴纸业始终围绕技术创新、工艺创新、流程创新等五条主线开展创新。对于创新，我们必须保持开放的心态。现代造纸技术日新月异，必须引进新技术、新工艺和新设备来提高产品质量、降低成本、提高效率。我们鼓励创新的尝试，创新未必总是成功，但不去尝试的成本和潜在损失会更大。特别是要努力探索工艺创新，使用成本较低或性价比更高的原材料来生产优质产品。流程创新也同样重要，我们应该专注于内部成本控制，如节能减排，这相当于我们为自己赚钱。我们鼓励各种形式的"微创新"，大家都在生产管理一线，最了解具体的操作，也最了解创新的实施措施、突破途径。"微创新"是我们能获得持续发展和提高效率的最大生命力。当然,管理创新也同样关键,通过管理创新来规范工作,防止腐败和损失、提高效率。①

错了就回头看

主持人:事实上,现在很多地方或者单位,设定了各种追责制度,不分缘由,错了就要追责,不允许你错。对于失误,由于害怕担责,大家就层层推责。在这种情况下,大家就固守成规,没有人敢越雷池半步。所以,容错机制是一种了不起的制度设计,体现了景兴难能可贵的宽容文化和创新能力。

朱在龙:任何层级的决策者都可能会做错事,从一定意义上说,出错是常态,要允许出错,但不允许在同一个问题上一错再错。

作为企业一把手,要敢于公开地说:"是我允许试验的,错了是我的责任。"

当然,错了之后,我们要认真反思。回头看,不是因为有人逼你,而是你自己发自内心的复盘和再思考。我们说"吃一堑长一智"。不回头看,怎么"长一智"? 回头看就是宽容失败,就是在实践中寻找止损、纠错,防止再犯、纠同类错误的路径。错了,就最大限度汲取失败的教训,我们要善于从错误中获得收益。

我们会定期召开一个特别会议,我们将其称为"错误回头看",我们把一些问题清单都列出来,然后大家讨论、消化,作为一种教训。不能放弃纠正错误的机会,也不能开成追责会,追责了,

---

① 朱在龙在景兴纸业 2022 年度群团工作总结表彰暨正风肃纪工作会议上的讲话,2022 年 6 月 29 日,录音稿。

大家就不敢尝试了。对尝试中的失败,我们绝对不能贴标签、扣帽子,更不能打棍子,而应该给予信任和帮助,加强支持和指导,鼓励他们放下包袱、轻装上阵。

如果敢于试错、敢于担当的人不受待见,不干实事的人平步青云,我们就不可能有发展。如果科研人员顾忌很多,创新有很大压力,老是担心万一失败怎么办,不敢动,选择随大流,公司就没有创新,就没有前途。

变不可能为可能

主持人:容错文化在一定程度上决定着公司能不能"突破"。您曾经强调"变不可能为可能",这很有鼓励发挥主观能动性的哲学意味。

朱在龙:人类社会文明是在创新中发展的。一定要鼓励大胆去试。不要武断下结论说"不可能"。领导的一句话,可以推进创新,也可能武断地把很重要的探索给中断、葬送了。

因此,公司每次开会,我都会强调"要变不可能为可能"。干部职工要有这个"变不可能为可能"的勇气,公司才能有生机,有新的气象。不能万事都先想着不可能。什么事情都没有开创、突破,公司为什么要聘你,甚至高价聘你?我们提出"变不可能为可能",就是希望大家以积极的心态去对待实践中遇到的难题,本着"万一可能呢""万一成功呢"的信心,发挥主观能动性,努力把看似"不可能"的事情推向"可能"的方向。

我们公司有很多这样的情况,以前认为这是不可能的,现在已经完全变成现实。我们鼓励大家朝着可能的方向去思考。不要下属有什么事情、方案向你汇报,你就武断说这不可能。如果嘴巴上一直挂着"不可能",就永远没有创新。特别是,领导说一句"不可能",就很可能把创新的生机、可能性扼杀了。我经常和管理层说,在创新问题上,不允许说"不可能"。我们公司大家讲得最多的,是怎么找方案、找解决问题的方向。

主持人:把"不可能"推向"可能",除了鼓励,还有什么具体的制度设计?

朱在龙:前面讲的容错机制就是这样的制度。除此以外,我们有比较完整的科学创新奖励制度,每年要花上百万元奖励给员工。

我们充分鼓励职工基于岗位提出各种建议,我们称之为岗位的"微创新",我们都有相应的立项制度、评审制度和奖励制度。

"微创新"无处不在。比如,此刻我们桌子上有很多杯子,要求摆放整齐,如何将杯子摆得又快又整齐?这就需要集体讨论,大家一起动脑筋。这种立足于岗位的"微创新"非常重要,因为他们天天在一线工作,非常容易发现问题,发现在哪里还可以改进,他们最了解相关设备的潜力在哪里。"微创新"的能量很大,必须要重视。创新不一定都需要大动作,小动作积累起来,也会有大能量。公司大的改造创新项目与岗位的"微创新"项目结合起来,就形成了景兴创新的巨大合力。

创新就是小水滴汇成小河、小河汇集成大河。没有每个岗位的"微创新",公司的创新就是一句空话。鼓励每个岗位的"微创新",该表彰的表彰,该奖励的奖励,大家创新的积极性提高,创新的小河就汇成为创新发展的大河。

厚植文化软实力

景兴纸业历来重视企业文化建设,始终坚持"自我激励、自我管理、自我发展、自我约束"的十六字方针,努力建设"学习型景兴",并把"八个一"活动(企业精神、厂报、宣传橱窗、员工活动室、文体团队、宣传册、企业宣传片、厂歌)作为工作重点载体来抓。在民营企业文化建设方面,"景兴精神"带动下的景兴文化建设独树一帜。

独特的景兴文化

主持人：您非常注重企业文化建设。如果要给企业文化下个定义，您的观点是什么？

朱在龙：有人说，企业文化是企业的灵魂，现在时髦的说法是企业发展的"软实力"，实际上，也可以把企业文化理解为一个企业获得健康发展的秘密武器，或者说"法宝"。企业文化搞好了，文化"氛围"搞好了，企业发展过程中的很多东西就自然理顺了。

主持人：您在《景兴报》第一期，有一段话是这样说的："成熟的企业不但应有完善系统的科学管理，更应有自己独特的企业文化。靠简单的资源组合资产不是景兴永久立足的根本，支撑企业脊梁的应该是企业的精神，是不断进取、开拓创新的景兴精神，只有让其渗入每一位员工的心灵深处，景兴的明天才会充满希望和辉煌！"在您的带领下，40年来，景兴形成了独特的景兴文化。

朱在龙：我们非常重视企业文化建设，我们办报纸、办讲座、办读书会、建文化阵地，通过各种党群活动宣传我们追求卓越的景兴精神，投入了大量的时间和人力、财力、物力。

我们已经发展了40年，一条基本经验就是，企业一定要有文化力量来传承。我们要打造百年景兴，没有文化力量的传承是无法想象的。没有文化，用的是蛮力，单靠打打杀杀，单靠时来运转是走不远的。我们也看到，不少企业单靠时代这个大背景所带来的"红利"，单靠产业行业这个大背景的"红利"，最终没有走远。只有靠文化来传承、来创造、去发展，在发展过程中，既要追求产品的质量，也要把企业文化品牌打造好，把这些要素串联起来，我们才会越来越好。

主持人：非常同意您的看法。价值、理念是我们企业的"根""脉"。从长远眼光看，企业的传承发展，本质上是企业文化的传承和发展。

朱在龙：为什么欧洲很多家族企业有几百年历史？为什么日本的百年企业也有很多？① 这些很值得我们思考。我感觉，其中的重要经验，就是有很好的企业理念，有企业文化的传承力量。西方很多企业，包括日本松下、三菱、丰田这些公司都有自己深厚、独特的价值观，有它们的文化特性、文化传统。

现在，有些企业就是不想自己去下大力气培育企业文化，培养自己的人才，只等着摘人家的果子，许以高官厚禄，拼命以各种方式去挖其他企业培养的人才。虽然这些企业也可能会有一段时间的成功，但是我相信如果没有文化的积淀，终究会因自己是文化的沙漠，因为文化的一盘散沙而归于失败。道理很简单，这些企业的人才队伍没有向心力、归属感、认同感，一旦遇到风吹草动，或者遇到一时的困难和问题，大家一下子就可能一拍两散，各顾各跑光了。

主持人：有的时候，我感觉企业与人是一样的，要朝前走，就必须要有精神的。

朱在龙：企业文化的核心，就是企业的精神。只有用一种积极向上的文化理念，激发员工的使命感、归属感、责任感等，整个企业才会有"精气神"，才能行稳致远。

也就是说，只有大家都认同了景兴的文化，认同大家在一起奋斗的理念，认同我们企业主张什么、追求什么、倡导什么，认同我们景兴"成为一家行业更优秀、更专业的纸品供应商"的愿景，

① 统计数据显示，日本国内创业 100 年以上的企业多达 25 321 家，位列全球第一；创业 200 年以上的企业也超过 3 000 家，远远高于德国（第二名，约 1 560 家）、法国（第三名，约 330 家）等西方国家。参考：http://news.sohu.com/a/692797014_121723989。

我们景兴才有现在,才会有未来。

早在 2000 年 5 月,朱在龙就在《人的观念何时落伍?》一文中写道:

人类的历史已反复证明了一点:人员的多少、设备的众寡、资源的贫富,都仍是个"量"的问题,尽管影响不小,但还不足以决定人或事的成败。然而,观念作为人行为习惯的指导和真理实践探索的指标,如果过时落伍,就是个"质"的问题,是可以让一个企业或个人遭受毁灭和失败的。

于是,在现实社会中,被有识者所经常呼唤的,便是"解放思想""新思路""改革开放""转变观念""转变作风"等诸如此类主题。因为解放思想的实质,乃是人的主观认识能力不断逼近客观真理及探索最佳效应的过程,新思路总是要超越旧的思路,因循守旧只会带来诸如失败和淘汰的严重后果。

具体来讲,有三种因素经常导致观念思维的过时落伍:教条封闭、夜郎自大;创造乏力、墨守成规;系统短路、更新不畅。

首先,教条封闭、夜郎自大。把自己装在套子里,拒绝与外界交流沟通,死守教条主义、经验主义,盲目地认为一切都是自己好、自己对,再加上创造性的严重不足,于是不自觉地认同落后与过去。这样一来,一旦外界出现领先式的发展,便会把坐井观天的人们远远甩在后面。中国在改革开放之前就是这种典型的情况。想当年,闭关守旧的中国人最初睁开眼看世界时,那感觉就别提有多么惊诧和失落了,即使到了今天,由于历史的惯性,许多中国人仍未学会自觉地更新改进自己的观念和思维。"解放思想"仍是摆在我们发展途中的关键主题。

其次,创造乏力、墨守成规。一个缺乏发明创新能力的企业和个人是非常受制被动的,对于领先的企业和个人而言,新思维和新观念几乎是与自己所创造出的新事物、新科技、新产品同步出现的,在某些时候,新思维和新观念甚至是超前的,推动和超越了现实的束缚,处在一种"准未来"状态。对于发展相对落后的企业和个人而言,由于缺少实事求是的认知和解放开拓式的创造,新思维和新观念经常是从别人那里听来、借来或学来的。这样的情况多了,还容易养成机械唯物论的僵硬习惯,总认为必定是先有外部客观情况发展,再有主观意识跟进,而忘记了所谓外部客观发展其实也经常是由彼方的主观努力所致。于是只知跟进不知主动,总处在一种"准过去"状态。或者只知若干而无创新,自然形成了墨守成规。实践证明,国内一些单位盲目引进项目、经营理念,就陷入囫囵吞枣、死搬硬套的局面,到头来给自身增添了一副枷锁。

最后,系统短路、更新不畅。相对于前两种绝对不利于新思维新观念发展的情况,这最后一种情况更多是指个人对新思维新观念的不良接受方式。不善于在飞速进步的社会和时代中不断为自己加力,误以为只要受过一次正规培训、学了一个正式的专业、生活在一个相对开放的社会,自己的观念领先就不会有问题了。时间长了,麻木不仁,实际上与前进的社会格格不入。这样落伍的例子比比皆是,思想成了一个单向的"套",而非开放的系统。①

---

① 朱在龙:《人的观念何时落伍?》,载《景兴报》,2000 年第 5 期。

造纸、育人和铸魂

主持人：景兴纸业不仅仅注重"造纸"这一件事情，也很好地把"造纸"和"育人"结合起来了。我理解，景兴的成长历史，既是技术现代化的过程，也是公司管理理念、职工思想理念现代化的过程。我感觉，"造纸、育人、铸魂"是能够把景兴 40 年发展历程串联起来的三个关键词：造纸 40 年，育人 40 年，铸魂 40 年。

朱在龙：我们强调兼顾"造纸、育人、铸魂"这样三条主线，把这三个层次结合起来，才能读懂我们的文化。我们具体地把这种文化概括为"超越自我、挑战极限、追求卓越"的景兴精神，在这种精神的引导下，激励我们不断开拓创新，求存图变。我想，贯通其中的就是这样一条主线：造纸、育人、铸魂。

主持人：造纸、育人、铸魂，这三者之间的关系如何来理解？

朱在龙：造纸，是我们的主业，造品质一流的纸是我们的目标。产品品质在很大程度上决定着我们在市场中的份额，决定着我们能不能发得出工资或者有能力发多少工资。所以，我们的首要目标，就是要造好每一张纸。这是我们的"硬道理"。

育人，是我们"造好纸"的一个前提，一个重要条件。纸是需要人去造的，不同素质的人群，造的纸是会有差异的。在造纸的过程中，是高素质的员工制造高质量的产品，高质量的产品反衬出我们高素质的员工。所以，在造纸过程中要同时注重"育人"，就是用现代造纸的理念，应用现代造纸技术，培育现代造纸人。

铸魂，就是文化理念方面的问题了，也是我们注重"育人"的目的所在。"魂"指的就是文化理念，就是我们的景兴精神。通过这种文化建设，形成一种合力，员工与公司之间有更好的凝聚力。

主持人：这段时间，我和景兴纸业的干部职工有不少交流，深有感触。从管理者、员工自信的笑容里，感受到了他们积极向上的精神状态。我更是看到了我们育人和铸魂的成效。这体现在很多细节上。比如，我昨天问一个我们景兴包装的员工，公司现状如何。他很自豪地说：我们景兴包装除了厂房空间的限制之外，没有别的问题，我们给世界500强中的32家企业高品质地供货。言语之间充满自豪。我又问他：景兴将来的发展，你觉得会怎么样？他就说了一句：我们的母公司很强大，所以我很有信心。

朱在龙：职工有自信的笑容，他们对企业有自豪感，对工作有责任感、使命感，愿意与企业一起成长、一起奋斗。这，也许就是我们希望景兴文化达到的一个比较理想的状态。

景兴纸业每年一次的演讲比赛从开办至今已连续举行了17届，比赛主题由组织部门根据公司发展、工作重点等确定。如2023年以"奋斗不息，变不可能为可能""创新谋发展，发展靠大家""降本增效，从我做起"为主题，进入决赛的13名选手是由5支代表队的77名成员经过PK角逐产生的，经过现场专业老师的评分决出决赛名次。而从金平湖第一缕阳光升起的地方——转角湾，到中国第一个农村革命根据地——井冈山革命根据地，每年一次的党员红色采风活动，让全体党员在接受红色教育洗礼的同时，引领全体党员干部和广大职工从红色记忆中汲取奋进力量。

讲好景兴故事

主持人：我们的《景兴报》，我每期都认真读了，我觉得这是讲好景兴故事的最好载体。《景兴报》也获得了很多荣誉,比如"全国造纸产业十佳企业报刊"荣誉称号、"浙江省优秀企业传媒"等等。这份企业报确实办得很出色。

朱在龙:我们的《景兴报》从 1997 年开始办报,算是比较早的,也在企业文化建设中发挥了很好的作用。

我们《景兴报》的内容还是非常丰富的,质量也越来越高。我对于《景兴报》十分重视,反复要求《景兴报》越办越好。《景兴报》到现在已经出了 300 多期,成为我们景兴重要的文化阵地。

> 1997 年 10 月,《景兴报》正式创刊。2002 年 4 月,《景兴报》取得浙江省新闻出版局颁发的企业报刊内部资料准印证,准印号为浙企准字第 0301 号。2009 年《景兴报》获得"2007—2008 年度全国造纸产业十佳企业报刊"荣誉称号;2010 年《景兴报》编辑曹海兵获得第三届"浙江省优秀企业报工作者"殊荣;2010 年《景兴报》喜获"2009—2010 年度全国造纸产业优秀报刊奖";2010 年《景兴报》喜获省"优秀税收宣传专版"称号;2019 年《景兴报》入选"2017—2018 年度全国造纸产业十佳企业报刊";2022 年《景兴报》获评 2021 年度"浙江省优秀企业传媒";等等。现如今,《景兴报》已经出刊 300 多期,创刊 27 年,《景兴报》的发展就是景兴发展的缩影,《景兴报》与景兴品牌一道不断扩大影响力。景兴的企业文化作为一种价值观被企业员工以及市场共同认可后,就将形成一种黏合力,使得员工与员工,员工与企业之间产生巨大的向心力和凝聚力。

主持人:您作为董事长亲自撰稿,每一篇我都认真拜读了。这些文章很有文采,也很接地气。没有大道理,很像一种与员工之间的对话。

朱在龙：是的。刚开始没人投稿，版面也比较简单，那时，我也会写些稿子。前前后后写了不少。特别是围绕危机意识，我写了好几次，提醒大家不要陷入"温水煮青蛙"的境地。我也会在文章中，批评公司存在的问题，如守旧、不思进取、自以为是、无所事事、安逸享受等，希望干部职工树立良好的精神状态。当然，也有文章涉及管理艺术和管理要求，比如关于授权问题，关于公司干部要严格要求自己的问题，我提出"只有管理好自己才能管理好别人"，等等。

现在，我很高兴地看到为《景兴报》写文章的人多起来了，我也许可以少写一些了。为《景兴报》写文章的人多了，也可以认为是认同我们企业文化的人多了，说明这个文化阵地已经形成了很好的良性循环。

主持人：您在2015年1月写了一篇文章，叫《公司是船，我在船上》。当时是用"致全体景兴纸业员工的一封信"的形式。用一封信的形式来传达"我们都在船上"这种意识。您采用这种形式，当时是怎么考虑的？

朱在龙：我看过一本美国作家写的书，叫《致加西亚的一封信》，这本书有两个方面对我启发很大。一方面，是内容上对我有启发，这本书中有很多很好的观点，值得我们企业的经营管理者和全体员工学习。很多内容，对我经营企业也是有启发的。另一方面，《致加西亚的一封信》在形式上也给了我很多启发。即如何以书信形式表达观点。

我开始考虑开会讲话之外的另一种形式。我发现，开会有开会的好处，就是能够集中时间、集中员工、集中主题，会有积极成效。但有一个问题是，讲的时候可能大家热血沸腾，讲完以后大家很快就会遗忘。开会的方式不能没有，但如果你在开会时讲的观点，有一个书面的东西给到他们，他们随时都可以看，也许效果更好。这里，我们《景兴报》这样的载体就很好。我感觉我以信的方式，在《景兴报》上表达我的希望，也许是一种不错的方法，员工们翻开报纸就能看到书面的东西。

> 《致加西亚的一封信》的作者是美国作家艾尔伯特·哈伯德，2007年由浙江文艺出版社引进出版。该书以简短的故事倡导了很多重要理念，例如："敬佩那些无论老板在与不在都会坚持工作的人"；"主动性就是不用别人告诉你，你就能出色地把事情办成"；"天才无非是愿意作出不断努力的人"；"一旦你停止了尝试，你就完全失败了"；"自信、自尊和自律是一个人在社会上取得成功的三大要素"；等等。

主持人：您采用信件的形式表达这种理念，确实是一个非常好的做法。您采用了不同的表达方式，这也是企业领导者领导艺术、领导能力的体现。

朱在龙：我把我认为很重要的主题通过信的方式，放在《景兴报》头版头条，希望有一个比较好的传播宣传效果。

在同一条船上

主持人：2015年1月，在《公司是船，我在船上》一文中您说："船是满载而归还是触礁搁浅，取决于你是否与其他船员齐心协力、同舟共济。"我感觉"在同一条船上"的理论，能大致概括出景兴纸业"向上而生"的奋斗精神。您怎么会想到用"船"来类比"企业"的？

朱在龙：我感觉这是很自然的一个比方。事实上，景兴纸业就是全体员工"同舟共济"的一条船。大家都勇往直前,心往一处想,劲往一处使,企业就有希望,大家也就都有希望;这条船沉了,大家就都没有希望了。每个人都要与企业同发展、同成长,也要不停地面对世界市场经济的风云变幻,时时刻刻想到和看到沉船的危险。

　　2015年1月,朱在龙在《公司是船,我在船上——致全体景兴纸业员工的一封信》中写道:

　　公司就是一条船,当你加入一家公司,你就成为这条船上的船员。船是满载而归还是触礁搁浅,取决于你是否与其他船员齐心协力、同舟共济。有位企业家被问到他为什么喜欢航海,他回答:"航海和经营企业有强烈的共同点,企业的发展需要全体员工的共同努力,就像船要破浪前进,需要全体船员各司其职共同配合才能顺利抵达目的地一样。"

　　这也是我们企业非常推崇的理念——同舟共济。每个人都应该把自己服务的公司看成是一艘自己的船,这样你才会竭尽所能贡献自己的力量,主动、高效、热情地完成任务。英特尔前总裁安迪·葛洛夫(Andy S. Grove)曾应邀对加州大学伯克利分校毕业生发表演讲。他在演讲中,提出了以下建议:"不管你在哪里工作,都别把自己当成员工,而应该把公司看作是自己开的。自己的事业生涯,只有你自己可以掌握。不管什么时候,你和老板的合作,最终受益者是你自己。"

　　记住:在企业这条船上,你是主人,而不是一个乘客!因为如果你是乘客,那么,对待公司的态度就会发生根本性的变化。一旦这条船出现问题,你首先想到的是自己如何逃生,而不是想办法解决问题,克服困难,渡过危机。

作为景兴纸业这艘大船的船员和船长,蔚蓝的大海正向我们敞开怀抱,不要沉迷于眼前的苟且,远方有诗和明天,相信大家相互协助同心合力,一定能让我们这艘船行驶得更远。①

主持人:"一条船理论"非常形象。我们或许可以把这条船叫作"一条勇于在风浪中前行的船"。

朱在龙:景兴纸业"造纸、育人、铸魂",前边都有"一流"作为前缀,是制造一流的纸,塑造一流的职工队伍,打造一流的团结奋斗、蓬勃向上的精神风貌。"一条船理论"大致也是为我们打造一流的干部职工队伍,提供一种比较具象、便于大家理解的方法。

主持人:您站在这条船的最高层,看到的是全局,或者说您作为船长去理解"在同一条船上"相对容易。但是,我们员工的视野可能没有那么宽阔,他们在公司从事某项非常具体的工作,所以,他对这句话不一定能理解得很好。我们是怎么让员工更好地领悟这一理念核心要义的?

朱在龙:《公司是船,我在船上》这篇文章,我们员工都认真读了,很多人还写了读后感。我希望这篇文章倡导的理念大家都能理解和接受。我想,绝大多数职工还是比较容易理解这个意思的。一个简单的道理是,要敬畏市场,市场力量看似无形,但非常强大,也非常可怕,如果我们企业在市场大浪中发展得不好,我们无法回避的第一个问题就是,需要减少员工,减少一个员工,就意味着一个家庭可能陷入生活困境。

所以,我们说在企业这条船上大家都是船员,没有船客;船

---

① 朱在龙:《公司是船,我在船上——致全体景兴纸业员工的一封信》(节选),载《景兴报》,2015年第1期。

长、大副、二副、三副、一等水手、二等水手、三等水手……作为董事长的我是船长,我和全体员工都在这条船上,接受全球风浪的考验。每个人都有自己的岗位,都有自己的职责,每个人都把自己的事做好了,这条船才能在世界市场经济的风浪当中前行。

没有一个员工可以"乘客"自居。我们说企业就如同一艘船,她需要所有员工全力以赴、齐心协力、共同配合,把船划向成功的彼岸。怎么使船上各个岗位的员工能够始终有机地协同起来,形成阻力最小、动力最足的状态,除了严格的规章制度之外,靠的是全体员工从内心认同的企业文化。是否认同企业文化,是船员与船客的根本区别。

主持人:在大海中航行的船面对各种风险和挑战,因此,在我看来,您的"一条船理论",与您"喜忧常在"的危机意识紧密联系在一起。

朱在龙:船往前开是有风浪、有风险、有暗礁的。刚刚说,这条船上没有人是乘客,没有人只是在甲板上喝喝咖啡、听听音乐、看看风景。大家都有分工,都有合作,都有目标。每个人的工作都需要令行禁止、高度协调,就像皮划艇一样,越协调船走得越快。在船上,不同岗位不同人所做的动作都要有所考虑:你是不是步伐一致,做的是有用功还是无用功,是阻力还是动力。大家齐心协力,才能战胜风浪。

现在,景兴纸业越来越壮大,在这个团队里,有很多愿意和公司共同成长的员工,他们是景兴纸业的船员,也是景兴纸业的主人。只有每个人提高自己的服务意识和工作积极性,我们的企业才会做大做强,我们所有人最后获得的利益才会高于预期。获得感是与自己的努力联系在一起的。

所以,我也一直要公司员工记住:在企业这条船上,你是主人,而不是船客!和企业同舟共济,意味着你不但可以和老板分享成功的喜悦,更主要的是,在遇到困难时能够替老板分忧。

如果你是船客，那么对待公司的态度就会发生根本性的变化。

在黏土中"掺沙子"

主持人：讲到公司的文化建设，又要讲到企业早期的情况了。在过去传统小农经济下，农民自给自足，思想相对封闭。"育人"也好，"铸魂"也好，都是不容易的。我们在现代化过程中客观上存在"文化冲突"或者说"价值冲突"，为此，景兴做了哪些方面的努力？

朱在龙：20世纪80年代末，我刚接手做厂长的时候，工厂里工人素质确实相对都是比较低的，这种感受我非常强烈。平湖过去是小县城，人口的基本构成是农民。我讲的素质低不是指道德素质低，而是指业务素质、文化素质或者说文化水平普遍不高。大家都是农民，很多人不识字，也不愿意遵守规则。

我们就琢磨着怎么样逐步改变这个现状。一开始，我们比较密集地办各种培训班，基本上每个礼拜都有培训。那个时候，我自己也去讲课，把我在造纸学校读到的知识传授给他们，大部分是一些造纸工艺方面的知识和要求。现在看来，办班是个好办法。这种传统一直延续至今，开始是基本知识类的课程，后来慢慢有一些提升管理水平的课程，内容不断丰富。

这个过程确实很痛苦，要经历不少"斗争"，也有不少的考验，对我们管理团队是个考验。特别是，经常会出现一些违章的情况，就要依规处罚，软的、硬的手段都少不了，有的是教育、培训，有的则是要严肃处理，有点类似"杀鸡儆猴"了。

在这个基础上，我们下决心要引进人才。那时倒也不是说要引进什么高端人才，大学生力量就很重要。我们引进很多大学生,之后,再结合公司发展的需要招聘一些专业人才进来。

引进外地人才,有点类似于向这块黏土"掺沙子"。

主持人: 从学校引进的人才,要与平湖本地人打成一片、融为一体,但又不能销蚀掉"沙子"的特性。

朱在龙: 从外面引进来的人与本地人有一个融合过程,要互相融合,这个过程也困扰了我们很久,也是很头痛的事。

我们从外面引进来的人,很多是大学生,是技术人员,是我们引进的人才。这些人才和本地农民工的融合,遇到很多挑战。首先是语言交流困难,整个公司都讲平湖土话,开个会,一大帮人都是我们平湖人,就两三个外地人,他们听不懂。外地人的普通话,本地人也听不懂。生活习惯上可能也会有些差异。有时候,双方都不舒服,都感觉你们是一伙的,你们有自己的小圈子,互相之间有隔阂。这种情况下,我们外地来的职工容易产生一种自卑感,感觉自己是外地人。当然,他们也不想跟"你们"本地人作对或者树敌。

表面上是风平浪静,但我意识到,这种文化差异或者说是文化冲击、文化冲突确实是非常明显的,如果不改变这个情况,会影响公司的健康发展。

主持人: 农民意识的打破,应该是一个艰难的过程。外面引进的人才,进入一个相对封闭的环境,会感受到传统力量的抱团软抵制,他们肯定会有这样那样的困惑。

朱在龙: 特别是1997年我们引进来的30多个大学生,他们刚进公司的时候,向我反映他们感觉工作氛围不太理想,有一种被孤立的感觉。

改变这一切,虽然过程可能不算漫长,但也是很不容易的一个过程。

随着大学生的上岗和迅速成长,情况逐步改善。我们很多大学生非常优秀,进步也很快,我们就有意识地把一些人从某些岗位上撤下来,换上优秀大学生。对有些不愿意进步的职工,只能让他们去做一些基础的,不涉及管理、非关键性的工作,也就是我们公司常说的"两头"基础工作,比方说搞废纸、搞原料、装成品,等等。在主要关键岗位慢慢上了一些年轻、有文化、有管理水平、有技术水平的职工。

主持人:这种融合应该是带动性的融合、提升性的融合,而不是向小农意识让步的退化性融合。

朱在龙:我在这个问题上的认识是非常清晰的,态度也非常明确。单靠我们自我封闭的状态,靠传统的既有力量,没有办法激活整个队伍的现代化,必须让外面的一些思想进来、互相碰撞、不断激荡,才有活力。

我一直在公司强调,我们一定要海纳百川,内部人员长期不变,景兴也会成为一潭死水。这就是鲶鱼效应,一定要把系统搅动起来,才有活力,才有能力,也才有未来。

当然,引进的大学生也未必一定能力很强,也未必思想理念相对会先进一些。我一直讲,文凭不是能力的标志,只是"敲门砖"。但不可否认,在引进的人才中,多数是比较优秀甚至非常优秀的。所以,对经考核确实优秀的人才,我们会直接任命进入各级领导岗位。引进的人才,也会经过一定期限的试用期。就公司来说,职工队伍需要保持一定的淘汰率。公司每年有10%的员工流动是正常现象,每年都要有几条"鲶鱼",进入景兴纸业来实现搅动。

正向的积极融合

主持人:我们企业在发展过程中,这种特殊的内外文化冲突的情形,什么时候得到了根本性的改善?

朱在龙：一直到 2000 年左右，这种本地外地职工之间的互相融合才开始有比较好的起色。这大致也得益于 2000 年前我们系统性的管理理念的提升。现在看来，90 年代末我们做的现代管理体系建设、管理理念提升，也促进了外来人员跟本地人员的互相融合。理念带动了人的进步。

2000 年以后，我们的外来人员越来越多，本地人员也一批一批退休，特别是从各个部门的重要岗位上退下来，这种冲突、不和谐自然就减少了。加上整个公司管理水平的提高，公司制度体系完善了，整个运行转入规范轨道。ISO9000 发挥的作用也更大了。从人的进步、管理的进步而言，90 年代末对我们是个考验，我们经受住了这个考验，这也为我们 2000 年之后的发展奠定了一个很重要的基础。

主持人：这是很有代表性的过程，时间坐标很清晰。看上去这种进步缘于人员的自然更替，但更是管理团队的主观努力。同时，这个融合也是互相的，或者说是双向的：人才和当地的农民工互相融合，或许可以称作"提升性"融合，在一定意义上是外来人才把我们本地农民工的整体素质提升上去了，而不是相反——一些优秀的外地大学生最后被本地人一些落后观念倒逼、同化。如果发生这种情况，就是"退化性"融合了。

朱在龙：我们的成功之处是，实现了这种正向的积极融合，一些先进理念得到推广，全体职工素养和水平都得到显著提高。

这些年，我在给新进职工谈话的时候，都会强调一点：我们有海纳百川的心态吸收你进来，但你也要有海纳百川的心态去思考，要善于主动融入我们现有的职工队伍。职工之间互相闹别扭，甚至井水不犯河水的话，你的长处就发挥不出来，没人听你的，一个人唱独角戏是唱不了的。正所谓相互拆台，一起垮台；互相补台，则好戏连台。

我们强调的是，作为人才，你既要保持自己的文化品性、思维特性,又要能够和农民工"混"在一起,能主动融合其他人。我对引进的人才说,你们也要主动融入他们,主动找他们。你高高在上,清高得很,很多老员工就不听你的,你就只能唱独角戏。比如,你在研究一个什么东西,也许人家已经看出来什么破绽了,或者人家有什么建议,但就是不跟你说,你就无法顺利实现自己的目标。

文化差异是客观存在的,但是,并不存在无法逾越的界限。

主持人:我了解到,正因为公司的努力,公司那些外地来的人才后来都发展得很好。有些进入了公司管理层,比如程正柏、徐海伟、廖昌吕、高业星等,他们都是"外地人"。

朱在龙:对的,我们马来西亚公司现在的老总也是外地人,东北过来的。

我们也鼓励引进的人才在我们平湖当地找配偶,这是他们本地化的最好方式。一旦与平湖人结婚,这样他们很快就会融入平湖当地的生活。我们不能让他们感觉自己一直是"外来人",要创造条件,让他们"家在平湖"。他们成了新一代的平湖人。我现在对他们说:你们现在是新一代的平湖人了,你们对待我们引进来的人,不要像我们老一代人有时候对你们那样,你们一定要比我们更加善待新引进来的人,一定要照顾好他们。这些他们都听得进。

我对程正柏说,你现在也是新一代的平湖人了,也算是景兴的"老人"了,你进来的时候,在与本地人融合的过程中吃过一些苦,体验过排外的味道,受过一些委屈,你们就更加不应该有排外的心态了,就应该更加包容。希望你们对新进来的年轻人更好一些,当好师傅,更加出色地带好他们,对他们的缺点要多些容忍。我想我有责任让我们景兴纸业在对待外地来的人才方面有海纳百川的容量,否则我们无法朝前发展。

所以,现在的情况大为改观,相融性很好,我们新引进的人才很快就可以在公司如鱼得水、得心应手了。这个方面我们也是名气在外，外地人进公司，有的是带着同学一起来，有的很快在平湖找到对象，成家立业了。

主持人：我感觉您直接把这些新来的人才任命为基层部门的领导，变成为管理岗位的人员，这一招很厉害，谁也无法也不敢再排外了。

朱在龙：现在很多客人来到我们景兴走一圈，跟我说你们景兴是个大家庭。这是对我们企业文化建设成绩的肯定和鼓励。这其中，我们党建工作是发挥了很好作用的，党建与企业经营融合在一起，我们员工队伍的团结合作会更好。

我们景兴人是很团结的。我们有事好商量，人与人的关系很融洽，互相之间没有勾心斗角这种乱七八糟的东西，也没有排外心理。这种团结已经成为我们景兴文化的重要标识。

我们景兴员工来自五湖四海，现在，他们没有这种因为文化问题而产生的工作中的压抑感、挫败感。我们公司的文化不允许有这样的情况，我们要努力让大家在一个身心非常愉悦的状态下工作，他们的积极性也比较容易发挥出来。他们不是简单来赚钱的。

我们公司文化的打造，最终就是营造一种宽容的文化，使得我们的员工能够快乐工作，快乐创业，快乐生活，实现自己的价值追求。

党建引领下的高质量发展

早在 1984 年 8 月,景兴纸业的前身平湖第二造纸厂就成立了党支部。随着企业的发展,企业党员数量的增加,党支部已经不能满足企业党建的需求。1995 年 4 月 13 日,平湖市第二造纸厂向曹桥乡党委提交建立党委会的申请报告。1997 年 5 月 22 日,中共平湖市委批复,同意建立中共浙江景兴纸业集团委员会。2000 年 9 月,中共浙江景兴纸业集团党委正式成立。近年来,景兴全方位打造"纸语澄心·红领景兴"的党建特色品牌,营造出了党组织、职工群众与企业同发展、共命运的良好氛围。

　　2014 年 4 月,景兴纸业党委积极行动,努力"把年轻人凝聚在党的周围",景兴纸业成立了平湖市首家"两新"组织——青春党支部。他们是企业中"年纪轻、学历高、观念新"的新生代党员群体。

　　多年来,景兴纸业党委采用积分管理的办法,作为支部评比的重要依据之一,成效显著。积分制以"制度积分＋任务积分＋学习积分＋文化积分"的方式推进,按照小动作小积分(5 分)、全员活动、创新动作大积分(10 分),党员违规违纪及重大事故一票否决制的原则,使三会一课、党费缴纳、党员培训、主题学习、支部自主文化活动有机整合,实现常态化推进。

　　景兴纸业党组织先后荣获浙江省先进基层党组织、嘉兴市先进基层党组织、嘉兴市基层党组织十大"两创"先锋等荣誉称号,也涌现出了一批具有社会影响力的先锋人物,如荣登《共产党员》封面人物、浙江省劳动模范的朱在龙,全国劳动模范沈守贤,省级劳动模范、国务院津贴获得者张小红,浙江省技术能手陈良杰等。

由被动向主动

主持人：景兴纸业的党组织建设开展得很早,也很规范。当时,是您自己主动来开展基层的党组织建设、制度建设,还是因为上级要求,被动地来做好党建工作的?

朱在龙：实事求是地讲,一开始的时候,这方面的工作我们多少也有些被动,有些活动是根据上级党组织要求按部就班开展的。按现在的说法是,比较注重做好"规定动作"。

我们对党建的认识不断深化。现在,我们的党建工作,以我们景兴的务实、踏实精神去全面布局和认真展开。我们要求党员、员工以追求卓越、追究极致的精神,做好各方面的事情。我们的做事原则就是,要么不做,要做就要很认真地做。要用我们景兴纸业一贯的严格、规范的工作态度来对待党建工作,做实党建工作。

我们严格、规范地开展党建工作。我们除了完成"规定动作"以外,也创新开展各类"自选动作",比如做好党员志愿者活动,到社会上去献爱心,开展歌咏、演讲比赛等,内容很丰富,活动质量都很高。我们每年至少两次举办"正风肃纪"培训,我作为党委书记讲党课,还请市委党校、市公安局、检察院领导前来授课。前几年,我们1000多平方米的景兴纸业党群服务中心精彩亮相,我们强化党建引领有了新平台。

主持人：这不容易,因为传统意义上说,企业存在的目的就是做好产品,更多盈利,其他似乎都是附带的、可有可无的。

朱在龙：我刚刚说,一开始我们开展党建工作,较多是考虑上级有这方面的要求。但是,随着党建工作的展开,我越来越感到,党建方面可以充分发挥党员积极性,对我们生产经营能带来很多正能量,党建引领下我们景兴纸业可以实现更好的高质量发展。应该说,我们的党建工作实现了"由被动到主动,由主动到领先"这样一个发展过程。这个过程,也是我们公司不断创新、不断实现跨越式发展的过程。

特别是,我们党员人数很多,现在有 200 多名党员。所以我们提出,哪里有什么困难,党员要先带头上,鼓励党员做先锋模范。

近年来,我们提出"一个党员就是一个先锋示范岗",一个党员负责带动周边的几个人,党员与非党员职工共同提高思想,共同提高觉悟,我们按照这个思路开展党建工作。现在,应该说我们党员、党组织的战斗力是非常强的。我可以自豪、自信地说,我们的党组织建设这一块工作比其他一些企业,甚至可能比一些政府部门做得还要规范。这些年,我们景兴党组织获得了很多党建方面的荣誉。

景兴纸业十分重视企业清廉文化建设。2015 年 7 月,景兴纸业开展"廉政建设、警示教育"活动,发布《关于纪律作风专项教育整改行动方案》。2016 年 7 月 31 日,针对部分党员存在的"庸懒散软"现状,公司举办正风肃纪——"四敢一不怕"专题学习,深入理解"敢于负责、敢于担当、敢于破难、敢于创新、不怕得罪人"的深刻含义。2018 年 5 月,景兴纸业深入开展反腐倡廉教育,教育广大党员干部筑牢拒腐防变思想防线。要求广大党员干部牢记"慎始、慎微、慎欲、慎友",夯实律己基础。公司党委副书记沈守贤通过"如何发挥党员和支部的先锋模范作用"专题党课,要求各支部通过党员形象公开、职务公开、承诺公开,使广大党员干部在各自岗位上接受职工的监督,争创一流工作业绩,起到表率作用,这也为景兴纸业对外树立诚信、务实、干净、担当的形象奠定了坚实基础。

　　制度建设是企业党风廉政建设的治本之策,要扎紧织密制度笼子,自觉遵守党章党纪党规以及公司的规章制度,促进权力规范运行,形成风清气正的工作氛围。景兴纸业制定了《投诉和举报管理制度》《廉政管理及责任追究管理制度》,从制度层面对企业内部行为进行全面约束。每年与各党支部书记签订"党风廉政建设责任书",公司对外敏感岗位人员主动签订"廉洁协议"并定期轮岗等。景兴纸业通过一系列党课、教育及制度建设,推动公司上下形成干事创业拼搏奋斗的思想自觉,进而引领行动自觉,凝心聚力,共同围绕中国式现代化的伟大目标贡献景兴之力。

双向的"主动融入"

　　主持人:党员发挥先锋模范作用,对企业发展、对提升整个公司职工的精神素养是非常重要的。我们景兴是把企业文化和党的建设结合在一起,把企业党建和企业发展结合在一起,走出了一条企业党建的新路子。

　　朱在龙:我们党委每年开两三次专题会,做好党建工作的顶层规划、布局设计。我们党委下面有9个党支部,各支部都很活跃,每个月都会举行各种有意义的活动,党员们也很乐于参加各类活动,整个队伍还是充满活力的。

　　我们党组织的建设要主动融入企业发展,融入我们企业的生产经营这项中心工作。企业党建工作,不能和生产经营"两张皮"。这是企业党建的特点。企业党建如果与生产经营分离开来,各不相干,那么党建搞不好,生产经营也搞不好。所以,我们要求融合在一起。特别是,我们党组织应该主动融入企业生产经营工作中去,反过来也是一样,生产经营中也要善于运用好我们的党建优势。这种主动融入,我认为是党建和企业经营工作双向的"主动融入"。

主持人:"主动融入"是一个很好的想法。有的企业可能会有一些负面想法,认为做党建工作耗费成本、降低了企业经济效益。

朱在龙:企业成立党组织的目的之一,就是发挥党员先锋模范作用,通过党组织力量,通过党员力量,把企业的生产经营搞得更扎实。如果离开了这个目的,党员发挥先锋模范作用,就成为一句空话。所以,我们反复强调要通过党员的先锋示范作用,把各方面的管理工作做得更好,这应该是企业党组织存在和发展的基本价值所在。

主持人:企业党建要有针对性,不能空对空,要紧密结合企业实际,如果脱离实际,严重影响生产经营活动,那么企业自然不愿意去做这方面的工作。

朱在龙:企业党组织的定位就应该是这样。"主动融入"的实质,就是党建工作必须围绕发展这个中心、大局,这是企业党建的生命力所在。党员的阵地不能丢,这个阵地是具体的,而不是抽象的。我感觉,这个阵地,在我们公司就是车间,车间、生产一线就是我们党员的阵地,我们的各个部门,比如我们的财务、销售、采购、研究院等,都应该是我们党员的战斗阵地。党员要通过岗位奉献,来奉献社会,助力国家发展。帮助企业把生产经营搞好,是全体员工的责任,更是党员的重要责任。

2019 年 5 月,朱在龙在《立足底线,追求高线》一文中写道:

所谓"守乎其底而得乎其高",企业要在风云变幻的时代潮流中独领风骚,在百舸争流的发展竞争中赢得优势,立足底线,是端本正源、防腐拒变的勇气;追求高线,是增强忧患、担当作为的底气。坚守底线就是"守住做人的底线",更有人把它作为墨守成规、刻舟求剑的借口,前者是误读,后者是推卸。诚然,坚守底线首先是一种红线思维,提醒我们警惕逾越了红线就会妨碍目标的实现。

拒绝腐败是企业健康发展的根基。在深化内部改革的过程中,涉及各方面的利益调整,势必会带来各种矛盾。怕出错怕犯错、不作为不担责的推卸思维与个人的发展方向南辕北辙;滥用职权泄露交易底价,损公肥私向供应商谋取好处,诸多突破底线的腐败行为与公司的发展要求背道而驰。对于公司而言,底线更是一种风险思维,要求我们预见风险,警钟长鸣,同时它也是一种高线思维,要求我们瞄准目标,主动作为。

明确站位是企业正本清源的基础。面对来自大洋彼岸的迅猛寒流,面对艰巨繁重的改革发展任务,明确站位是抵抗风险的坚强后盾。深化内部改革,强化纪律约束,明确政治站位,和公司管理发展目标保持一致,强化管理、强化考核,严厉打击内外勾结,都是厉兵秣马、枕戈待旦,防止祸起萧墙的行动方案。

敬畏底线是企业创新创造的准绳。立足底线、追求高线,更需要把坚守底线和创新创造有机结合起来。虽为传统企业,但同样承载着创新创造的使命,只有敬畏底线方能不忘初心,才能在创新创造的路上越走越宽。立足底线的创新创造才有提高观察大势、思考大局的能力,才能去看透本质、果断决策、整合力量、科学布阵,用真刀真枪、真才实学做好理念创新、技术创新、管理创新,让抽象的思维变成切实可行的行动力,让创新创造成为永恒的主题。

立足底线,为追求高线奠定基石;追求高线,为践行底线催生自觉。把立足底线和追求高线结合起来,把握发展大局,创新工作手段,防微杜渐,以"蝼蚁之穴、溃堤千里"的忧患之心对待一思一念,以"如临深渊、如履薄冰"的谨慎之心对待一言一行,以"恪尽职守、爱岗敬业"的奋斗之心对待一职一责,这样我们才能有备无患、遇事不慌,牢牢把握主动权,才能下好见微知著、未雨绸缪的先手棋,打好化险为夷、化危为机的主动战。①

一肩挑

主持人:我们在对其他单位的调研中,发现企业党建也容易搞成形式主义,热热闹闹地走过场。景兴纸业是怎么避免这种形式主义的?

朱在龙:我们很早就探索了一些行之有效的做法。比如,我们党建班子和经营班子一直是一套班子,行政主要领导担任党组织的领导——这些做法现在很多地方和单位都在做,但是我们很早就开始这样做了,坚持到今天。我是最早的党支部书记,后来成立党委,我担任党委书记,书记、董事长一直是一肩挑的。

我们感觉如果党政各成体系、各自为政,二者之间会有很多牵扯,两头的工作都做不好,既影响生产经营,党建工作也搞不好。

党支部书记也是部门经理,两个职责都是他的,这个部门要搞好日常的生产经营工作,就需要发挥党员的先锋模范作用,两

---

① 朱在龙:《立足底线,追求高线》,载《景兴报》,2019 年第 5 期。

个方面的工作很自然结合在一起。因此,我们公司各层级党员先锋模范作用的发挥,抓得很紧,也很有实效。党员的先锋模范作用首先要体现在平时的工作、生活中。我们反复提醒、告诫党员,党员必须以身作则。一个朴素的要求是:我是党员,我应该在各方面做得比别人更好,我的觉悟应该比普通员工要高。党员先进性,要落到现实生活的方方面面。你不能在会上说得洋洋洒洒,大家听得热血沸腾,但是会议一结束,大家就我行我素,一切如旧,那党建就被架空了。

主持人:既把党建工作做扎实,又使得党组织在企业中发挥的作用也做扎实。

朱在龙:其实,党员、群众对企业党建工作也是有要求的,你不能把党建做成纯粹的口号,做成纯粹的形式主义,你不能一天到晚就读读报纸、读读文件、讲讲口号——尽管这些都很重要,但在企业做党建,这是远远不够的。我们通过"主动融入"开展党建工作,开展越深入,党员干部就越有干劲,就越感觉党建很重要。企业党建工作,只有内容和形式都有所创新,大家才越有兴趣参与进来,群众也感受到党员的带动力量,整个企业也就更有生机和活力。

主持人:书记和部门经理一套班子,是一个智慧的安排。如果两套班子、两班人马、各自为政,弄得不好可能会产生矛盾,可能最后党建也搞不好,生产经营也搞不好。

朱在龙:对,我们支部书记都是部门一把手。我们基层支部书记都不是专职的,都是兼职的。这样有什么好处?最主要的就是党建工作跟生产经营结合在一起,可以很好地互相促进。另外,有些党建的重要会议,可以跟生产经营会议合并召开,这样二者可以结合得更具体、结合得更好。这里,我们有一个小的创新举措:我们每半年开一个半年度总结会,一般会再加上"正风肃纪"会,两个会议一起开,既侧重年度总结,又侧重正风肃纪,全体党员都必须参加。这样的正风肃纪会我们每年要开两次,树立正气,严肃纪律,推进生产经营。事实上,如果这两个会议分别开,党员开党员的会,行政开行政的会,效果不会太好,两个会都开不好。

我们还有企业党校。我们还是要拿出一点资金来做好党建工作。在各个部门,因为是一套班子,所以资金也可以得到保证。部门经理要安排党员活动,活动经费在他的部门就可以解决。

主持人：部门经理如果是党组织负责人,他会更加了解自己管理对象的一些思想动态,同时,他也希望党员能来协助他搞好这个部门,所以党建工作为推进部门工作起到了一个正向作用。

朱在龙：对的。因为意识到党建工作有助于他,意识到党建工作是一种正能量,所以他也会很重视党建工作,很乐于做好这项工作。

在 2022 年 6 月 29 日公司会议上,朱在龙说道:"每个党员、团员和干部都代表着景兴纸业的精神面貌、整体形象。我们每个人都应主动担当,发挥好模范示范作用,影响、带动所在部门、所在岗位的共同进步和提升,这是一种责任。每个党员都应该成为景兴纸业利益的忠诚捍卫者,成为公司发展的中坚和骨干力量。"[①]

由主动到领先

主持人：景兴的"微创新"做得非常扎实,这一品牌很有典型

---

① 朱在龙在景兴纸业 2022 年度群团工作总结表彰暨正风肃纪工作会议上的讲话,2022 年 6 月 29 日,录音稿。

和示范意义。我们是如何以党建来引领开展好这项工作的？

朱在龙：我们提倡广大职工开展"微创新"，以"微创新"带动公司全方位的创新发展。"微创新"，就是以党员为中心去组织推进的，是以党员为主导力量去推进岗位创新，效果很好。很多党员主动团结周边职工加入"微创新"行列。比如，他周围有 5 个非党员群众，他们就会建立微信群，带头开展工作，这名党员有义务也有责任带好头，把工作做得更好。在开展创新的过程中，党员也要随时了解员工的思想动态，做好员工的思想工作，发挥引导作用，发挥模范带动作用。

主持人：在"微创新"过程中，党员既要以身作则影响群众，更要带动群众一起创新，任务还是很重的。景兴现在党员在员工当中的比例是多少？

朱在龙："微创新"过程中，党员带动周边群众是党员的责任。我们现在有 200 多名党员，大约占全体员工数量的六分之一。六分之一，是很有意思的比例，6 个人中，1 个是党员。1 个党员至少凝聚、影响和带动 5 名群众。一个党员一面旗，党员要发挥凝聚力，把周围的群众团结起来，凝聚起来。我们过去宣传的上海长宁区的党员凝聚力工程，我理解也是这个意思。

主持人：景兴纸业长期以来能坚持党建工作体制机制创新，在高质量发展生产的同时，高质量抓好党建，确实难能可贵。另外，一个民营企业党员比例占员工的六分之一，在全国也相当少见。

朱在龙：我们高规格建设党群服务中心。我们党员比例确实是比较高的。这里面有个原因。我们党委刚成立的时候，像我们这样的民营企业党委并不多，所以对我们与上级党委的关系该怎么协调，我们探索了一段时间。中共平湖市委组织部非常支持我们开展党建工作，市委组织部认为，既然我们公司成立了党委，而且组织体系完备、运作流程规范，那就应该可以直接发展党员。

所以,当时组织部门就给了我们党委一个"特权":我们公司职工的入党培养程序、入党的审批程序,在公司党委走完流程后,报市委组织部备案就可以了。所以,一开始并没有给我们限定党员的发展名额。因为先进积极分子入党的积极性非常高,当时我们每年发展 20 来个党员,咱们党员队伍一下子就扩大了。后来,组织部门研究后,认为我们党员也不能发展太快,就给我们名额限制了,现在每年给我们 10 个名额。我们党支部设置比较多,现在有 9 个支部,入党积极分子多,但入党的名额减少了,所以竞争是非常激烈的。我感觉这样也很好,提高入党门槛,有利于提升党员队伍的整体素质。

2019 年 4 月,景兴纸业党群服务中心精彩亮相,景兴纸业强化党建引领有了新平台。该中心深度融合公司党建特色与企业文化内涵,涵盖群团工作室、图书阅览室、党员电教室、排练厅、文体活动室与党建宣传墙、工会宣传墙、党务公开栏等,专门配备音响、电视、投影机等设备,供员工进行学习、娱乐,丰富员工的业余生活,成功打造集党建引领、理论学习、工作交流、文化服务、群团工作成果及企业文化风采展示为一体的党群服务工作新平台,形成党建工作规模化效应,不断提升党建品牌张力。公司形成党建工作规模化效应,全方位打造"纸语澄心·红领景兴"党建特色品牌,营造出了党组织、职工群众与企业同发展、共命运的良好氛围。

2024 年 8 月,集历史、艺术与科技于一体的"奋进景兴,景纸天下"景兴纸业发展历程展厅高规格建设落成。以"纸语澄心·红领景兴"为主题的党建实践探索成果板块,令人印象深刻。

主持人：我也做过一些调研，确实有外资企业非常明确地和搞党建的同志讲，你可以在业余时间活动，工作时间是不能占用的，只能下班以后去组织党员开会。党建难度就非常大。包括我们其他的一些两新组织，一些私营企业、一些非营利民间组织等的党建工作都放在周末、业余时间，还是比较普遍的。

朱在龙：我了解到，党建工作在很多民营企业，包括外资企业都做得很好，很有特色，值得我们学习。同时，我确实也听说过，就像一些外资企业，党员开会都只能在晚上开，白天是不让开的，只能利用晚上或者其他时间开会。其实，这种党建就难以搞得很好。有的企业虽然不是外资企业，但企业党建工作也是不能占用他们公司业务时间的。他们开展党建的费用企业也是不承担的，都是上级组织部拨付的。

但我们不是。我们把党建工作作为重要战略工作去抓，努力抓实抓好。我们的工作得到上级党委的充分肯定。早在 2006 年左右，我们就先后获得中共浙江省委、嘉兴市委命名的先进基层党组织称号；2022 年，我们被命名为"全国和谐劳动关系创建示范企业"，这些荣誉都是对我们党建工作的鼓励和肯定。

做有良心的企业

景兴纸业不断强化企业社会责任意识,积极践行落实企业社会责任。公司致力于成为环保、依法纳税的典范,注重参与社会扶贫、参与共同富裕建设,关注残疾人事业,积极参与希望工程。

　　特别是,一直以来,景兴纸业都将治水治污视为己任,通过技术创新治理污染走在行业前列。公司不断提升水资源循环利用率,降低污染物排放,为国内造纸企业吨纸耗水量的进一步降低提供有力的引领和示范作用,推动行业的可持续发展。从 2002 年开始,公司将处理后符合排放标准的废水全部纳管,20 多年来没有向河道排入一滴污水。早在 2006 年,景兴纸业就成为浙江省造纸行业中首家从荷兰引进先进内循环厌氧反应器的企业,建设一套日处理 6 000 吨厌氧好氧处理设施,采用"厌氧＋好氧"处理技术,设施运行稳定,厌氧和好氧处理,二沉池沉淀后,出水 $COD \leqslant 100\,mg/l$。这也是浙江省内第一个采用此项技术的造纸企业。

朴素是最舒服的状态

主持人：在访谈中，有位干部讲到一个令他印象很深的故事。那年他跟您出差去北京，赶到宾馆已经晚上10点多了，还没吃饭，他随手叫了一份炒饭，而您就在房间将就着吃了一碗方便面。您还有印象吗？

朱在龙：我不记得了。经常这样呀，谈完事情就在宾馆吃个方便面什么的，再休息。对吃、穿等这些物质方面的东西，我是没什么太多要求的。

有时候看到人家到处显摆一些物质上的东西，我心里是不会有什么大的波澜的。回过头来，我都能想得很通透。我感觉这跟每个人看重的东西有关。我对一些体现价值，特别是体现人生价值的东西看得比较重一些。成功带来的喜悦，包括公司的成功、我的员工的成功都会让我很开心。物质方面的享受，我是一直不看重的，不是说我现在有钱了所以不看重，不是的，我年轻的时候也不会去追求物质方面的享受，那个时候天天在车间里。现在，我看人家买了豪车也不羡慕，车就是一个代步工具。我有辆好一些的车子，在很大程度上也是为了代表企业形象。要是我个人的话，开个20来万元的车也是可以的。

主持人：这些年，我或多或少接触过一些企业家，但您的所思、所想、所为还是更让我感慨。在您身上，我看到了一个企业家质朴的底色。您这么多年一直保持朴素的生活习惯，这其实是难能可贵的。

朱在龙：我感觉也没有什么特别的。我们本来就是农民出身，过去的生活比现在艰苦得多。在创业过程中，我们经历过各种艰苦的环境。现在我已经习惯这种生活状态。所以，我一直追求相对简单的生活。生活方面过得去、差不多就行了。对外接待，或者出差，有的时候要稍微讲究一点，毕竟还要代表企业的形象。在公司里，你没有必要搞成另类。另搞一套，你也就脱离了群众，没办法跟员工打成一片。朴素，是我最舒服的状态。

在访谈中，徐俊发回忆道："人品往往是从一些小事看出来的。有一次，我和朱董去杭州的浙江经贸委办理文件，因为后面还要赶到北京开会办事，所以我们需要尽快处理好杭州这边的事情，但是负责印制文件的办事员一直忙碌，无暇处理我们的事情。眼看时间越来越紧，朱董就主动提出帮办事员打印、装订。他甚至做得比办事员还要到位。这位办事员被朱董的热心和理解所感动，立即优先帮我们处理了问题，最后我们也按时赶到了北京。朱董的热心和对这位办事员的体贴既帮助了别人，也方便了自己，深深地触动了我，也让我对这件小事印象深刻。"①

在行走中思考

主持人：您平时有些什么样的业余兴趣爱好？我看到有的企业家有时候也会打麻将放松一下，有的会去打打高尔夫什么的。听说，您喜欢快步走路？

朱在龙：我是一个比较简单的人，生活是很有规律的。平时一直忙忙碌碌，根本没有时间去培养和享受什么兴趣爱好。兴趣和爱好是需要投入时间的，我哪来这么多时间啊！我的生活不复

---

① 本课题组对徐俊发的访谈，2023 年 7 月 1 日，录音稿。

杂——早上走路,到公司食堂吃早饭,然后到办公室处理公司事务,包括开会、谈话等,晚上到食堂吃晚饭,晚饭后继续回到办公室办公,或看书。下午,有时候也要快走。

我每天走路二三个小时左右,平均步数大概在 15 000 步,所以,我到现在还能保持好体形。我快走速度是比较快的,一般人跟不上,冬天也可以走到浑身冒汗。因为我应酬多,几乎天天要喝点酒,如果不走路锻炼一下的话,可能体形、体质早就不行了。我喜欢快走,基本都要走到出汗。我们去登黄山,我从山脚登上山顶,只花了 4 个小时,也不是太累,这是平时走路带来的好处。

主持人:我也经常在室外慢跑,或者在跑步机上跑步,或许您也可以试试跑步机?

朱在龙:我不喜欢在跑步机上走。有两个原因,一是有人说跑步机上走容易伤膝盖;二是我走路经常会遇到公司的职工干部,可以说说话。

有的时候,特别是夏天,有好多人陪着我走,边走边聊,既锻炼身体,又兼顾工作,收效特别好。有的时候,我们走着、聊着就自然走到车间里去了,大家以为我是在检查工作,其实我只是在运动过程中。这些好处,在跑步机上走是没有的。

德国海德堡有座山的半山腰上,有一条 2 公里的散步小径,据说哲学家黑格尔在海德堡大学任教时,经常与朋友、同事在此散步,一起讨论学术问题,后来被称为"哲学小道"。无独有偶,日本京都银阁寺向南禅寺有一条漫步小道,沿路全是古老粗壮的樱花树,因为日本历史上有个哲学家喜欢在这条小道上散步思考,后来也被称为"哲学小道"。

主持人:走路是一个很好的习惯。实际上,走路还有一个好处,就是比较容易出思路、出思想。

朱在龙:走路或者慢跑,常常会给我带来不少灵感,或者帮助我把很复杂的问题理出个头绪来。边走路、边思考问题也是我多年来养成的一个习惯。一个人在走路的时候就会把一些问题思考得很周密、很清晰,有些纠缠在一起的问题,在这种放松的状态下可能就有眉目了。

景兴发展历史上的很多重大问题,都是我在走路的时候理出些头绪来的。我没有刻意去记哪些具体的案例,但应该是不少的。比如,最近几年,我们去马来西亚建厂的很多问题,我就是一边走一边梳理,"走"出了不少新观点、新思路。因为每天我都很忙,要接待不同的人,也没有时间去消化。走路这些时间,正好是放松思考的时候,看着花花草草,空气也比较好,是放松思考问题的时候。

出差的时候,有时间我也走路。这次去韩国,我就和高业星一起走了很多路。这都形成习惯了。去日本、马来西亚,也会走很多路。大家都知道我的这个习惯。

不学习就会被淘汰

主持人:您还有一个我感觉很好的生活习惯,就是读书。董事长读书、荐书,对于引导企业成为一个学习型企业非常重要。走近景兴,我感觉大家都是"儒商",在《景兴报》上,您写文章,公司高层管理人员也写了很多文章。我还注意到,景兴的高管、行政管理人员,都在写日志、日记,这已成为他们的一种习惯。有的高管告诉我,他有常年写日记的习惯,已经几十年了。

朱在龙:我觉得我是耐得住寂寞的人。看书的一个前提就是要耐得住寂寞。

在学习这个问题上,道理很简单:你只要不想落后、不想被淘汰,就必须活到老学到老。你的知识储备根本跟不上时代发展的速度。特别是现在,知识更新实在太快了,你学习上稍微有些松懈,就会落后,甚至可能被时代无情淘汰。很多时候你被淘汰了,可能还不明白是怎么回事,实际上就是没有跟上时代节拍。不学习,落后了,路就会越来越窄,就要被淘汰。我们都希望景兴发展,我们各级管理层包括中层管理者的知识肯定要不断更新,知识更新了才能有能力的更新,才能有相应的技术更新、管理模式的更新。

我一直对我们的管理团队说,希望大家能跟上景兴发展的步伐,不要自己被自己淘汰掉。特别是我们的干部必须要加强各类知识的学习,不学习就会自己淘汰自己。我说"不换思想就换人",讲的也是这个意思:不断学习了,思想才能跟上我们景兴发展的节奏、步伐,整个公司才能保持高水平的步调一致。

为了更好地推进学习型企业,我们会有意识地不断引进一些新的力量。新鲜血液带来一些新的思想和方法。这项工作我们一直保持着,目的就是告诉公司每一个人:必须保持学习向上的姿态,否则会被淘汰。只有这样,我们团队的活力才会越来越强。

在《人的观念何时落伍?》一文中,朱在龙写道:

很多问题,关键的症结,在于没有为自己设计一套开放的"学习—工作—再学习"的良性循环系统,当以前学到的观念和知识不能再从现实客观对象中开拓出新意,或无法胜任新的课题时,便意味着知识和思维老化。如果出现知识和思维老化还执迷不悟,宁可牺牲新的工作成效和创造,也不愿意进行系统学习更新,那么,失败和淘汰便已悄然而至了。

善于成功的人,都总是把系统的再学习过程与自己原有的知识思维有效地接轨,并在现实的工作过程中为强力吸收新思维观念留出弹性的时间和空间。这样的人思想思维之树常青,年龄、环境变迁等客观因素都是无妨的,屹立在思想前哨的人们,才是这社会中真正的强者和胜者。①

主持人:您把读书和干部个人的成长,以及我们景兴纸业的发展联系在了一起。难能可贵的是,您能以身作则。整个企业营造了很好的学习、向上的氛围。我想,这就是我们企业"育人""铸魂"成果的最好体现。

朱在龙:现在靠自己知识的积累,起步肯定是太慢了,有些问题只能靠读书。读书获得的知识相对系统一些,我们可以从书中获得各种知识的支持。网络也会提供一些知识,但相对碎片化。现在是知识爆炸的时代,知识浩如烟海,所以怎么选书、怎么读书,都有不少讲究。看的时候也要特别注意拎要点看,拎要点你才会记得住。

对我们来说,要适应我们企业的实际情况,特别要注重造纸专业的一些书,注重一些管理思想、管理哲学方面的书。我也会看一些励志类书籍。我先把这些主流的、经典的书看一遍,再推荐给下面的人,叫他们看一看,有的时候也要求他们读了之后写写心得。

我的办公室和家里都有很多书,现在好多都捐给我们图书馆了。哲学类的书我也喜欢看,以前我经常看毛泽东的《矛盾论》和《论持久战》,这两本书确实很好,我感觉是毛泽东主席最经典的两本哲学著作,可以从中学到毛泽东的战略思维,学习他的方法论。

---

① 朱在龙:《人的观念何时落伍?》,载《景兴报》,2000 年 5 期。

其实,看好的小说,也会有很好的收获。有的小说写得很好,把一件事情的矛盾、发展过程、遇到的问题、解决问题的方法,写得非常详细,看后会很有启发。以前,我的时间多一点,还会看一些文学名著,比如《三国志》《西游记》,还喜欢看励志的文学作品,看我们"茅盾文学奖"的获奖作品。

主持人:我注意到,您也会推荐好的影视剧给职工看。这么多影视剧,您推荐的标准是什么?

朱在龙:我周末会在家看比较好的连续剧。我曾经特别推荐职工看一部电视连续剧,叫《绝密543》①,我也推荐你们去看一看,拍得很好,我感觉拍得与《亮剑》差不多,有正能量。这个电视剧中讲的全营发扬"全营一杆枪"的战斗精神,与我们的"景兴精神"是一致的。片子讲道,在部队建设最困难的时刻,敌人恢复了对大陆纵深的侦察,面对技术难题、伤亡造成的人员不整、零配件短缺等不利因素,二营毅然承担起导弹伏击的重任,开始了艰苦卓绝的野外作战。最终,全营克服重重困难,一举击落了多架敌U-2高空侦察机,创造了史无前例的辉煌战绩。最初的时候,我们的导弹从雷达开启到发射需要十几分钟,无法准确击落敌机,后来他们艰苦攻关,把时间缩短到9秒,让敌人防不胜防,只要飞机一飞过,就会被雷达发现,敌机就完蛋。一九五几年、六几年的时候,国民党的飞机老是到我们这边来侦察,我们这边海盐也打掉过一架敌机。

这个片子很契合我们景兴一直在提倡的"变不可能为可能"的精神。我要求他们都观看一下,而且都要写写心得体会。

主持人:看书需要时间,您这么忙,安排出不少时间来读书,

---

① 《绝密543》由空军政治部电视艺术中心出品,该剧于2017年7月26日登陆东方卫视首播。该剧以1959年RB-57D侦察机,1962年U-2侦察机被中国人民解放军击落为历史背景,讲述了空军地空导弹部队"英雄二营"克服重重困难,保卫新中国领空的故事。

也是很不容易的。

朱在龙：我一般在晚上看书，下了班之后，我就在办公室里看看书，有时候周末没事，就看看电视连续剧、看看书。其实，我刚刚也说过，看小说也蛮好的，很多质量好的小说就告诉你这个事情如何处理是比较好的，写的是人情世故。我读高中的时候就喜欢看小说。

我是喜欢安静的，晚上吃完饭，走路之后，就喝点茶，看看书，基本10点就上床休息了。我读书的速度很快，喜欢的书在一个晚上就能看完。而且，我对很多内容可以做到过目不忘，我对数据特别敏感，很多数据我会记得很清楚。

主持人：我听说，您还系统学习了公司财务方面的知识？财务应该还是很复杂的一套体系。

朱在龙：作为企业管理者，应该懂得财务方面的知识。我主要是在公司上市过程中学习了这方面的知识。那时，我天天跟会计师、审计师在一起工作，看报表很多地方看不懂，我就马上去问，问清楚了以后，自己再结合公司的一些实际运行状态，很多事情就理清楚了。

我也看财会方面的书。把一些财务方面的概念和知识弄清楚。比如，单纯看应付，如果企业应付很多，那么说明有两种状态，一种是你欠人家钱，另一种是采购多。应收也是这样，钱没有收回来。现在财务计算规则是虽然钱没收回来，但利润还是算的，只是这个利润是虚的，你就要再去看现金流有没有增加，特别是经营性现金流有没有增加。假如说今年全年，现金流增加了5亿元，这5亿元是来自经营性的，那么是企业真正造血造出来的。如果5亿元是来自财政补助的，那就是一次性买卖，第二年可能就没了。

再比方说固定资产归类，发票要归到哪一类，都有明确要求。你要看一家企业的情况，就要看得懂这些财务报表。其实,学实务会计可能比较复杂,但是学到能看懂财务报表,其实并不难,无非就是先把几大指标拎出来。这些东西是有规律的,比方说你一年收了 10 亿元,但你的应收账款可能是 5 亿元,等于说一年只周转了 2 次。那么你要去问,你们的收款标准到底是什么。如果他们说发出去一个月要收回来,说明财务报表有问题,或者是他说的有问题。

技术方面我也学,我喜欢钻研技术,我学东西是比较快的。比如说英语,虽然我会的不多,但是有好几次我去美国,待几天以后突然会蹦出一两句,可以简单交流了,别人在讲什么也能大致听懂,初中学过的一些东西也就记起来了。

主持人:听说您经常自己跑市场。我的问题是,您有专业团队在市场一线,他们在很好地感知市场后做出反应,很多市场信息反馈给您就可以了,为什么您自己还要舟车劳顿到处走访?

朱在龙:我蛮喜欢跑市场,从市场中可以找到一些灵感和兴奋点,对自己产品的定位、产品的优势、这个区域的市场状态可以有更好的直观感受,对不同人群对我们产品的感受有更好的把握。

业务员去跑市场回来,虽然他们有很好的分析,但是你自己不去跑市场,你可能很难明白他讲的每句话的含义是什么。所以,我最近和生活用纸事业部老总高业星去韩国跑了一下市场,其实他自己去也是可以的。我一起去韩国,是让对方觉得我们不但服务质量好,产品质量好,同时让韩国合作方认识到我们公司是重视他们市场的。

国内市场我偶尔也会跑一跑,主要目的就是保持一种职业兴奋状态,或者说,一种对产品方向的把握。

成长便意味着责任

主持人：如果用一句话来概括您的管理思想或者说您所追求的人生观、价值观，您觉得是怎样的一句话？

朱在龙：这很难用一句话来概括。如果一定要概括，那就是价值和责任。

我们所有的努力，都围绕一定的价值追求。这种价值不能简单地用金钱来衡量。这种价值，也可以理解为"责任"，我们对国家、对社会、对股东、对员工等都有重要的责任。对社会来说，我们来自社会，最终，我们也是要回报社会的。企业做大了以后，确实好像不再是"自己的"企业了，而是一个肩负很大社会责任的企业。

主持人：无论对企业、对员工，还是对这片土地、对我们社会和国家，您总有一份使命和责任在。

朱在龙：在这方面，我们从来不含糊。企业必须承担社会责任。我将其视为我们企业存在和发展价值所在。这是企业的良心，就如同一个人要有良心一样。这方面我们做了大量努力，也投入了大量资金。企业承担社会责任的方法、途径有很多。我们依法纳税，就是这样一种责任，我们做好环保工作也是一种责任。我们积极参加各种社会募捐活动，参与各种社会公益活动，等等。在公司内部，我们积极招聘残疾人就业。

我有一个重要体会，不管是民营企业也好，国有企业也好，都要有社会责任。我们企业家能走到今天不容易，这些成功也是社会给予我们的。我们在国家发展中获得了发展机会，我也在这个过程中获得成长。有一位前政府领导来公司考察后对我们公司的发展给予了充分肯定，他半开玩笑地对我说：政府官员要靠组织的培养、提拔,而你是自己提拔自己。我当时一下子没有反应过来。他说,你努力把企业做强、做大,对社会贡献大了,你的平台、舞台也就更大了,社会地位自然也上来了,你行为的自由度就更大了,但你对员工、社会、国家发展的责任也更大了。

我觉得,他的这一番话还是很有道理的——特别是,成长也意味着责任更大。

主持人:这位领导讲得有道理,发展、成长也意味着更多的责任。

朱在龙:所以,一定要有钱穆先生说的"家国情怀",眼中要有国家、有社会,要有一种"为国家打工""为员工打工"的情怀和价值定位,也就是要有为国家、为社会多做奉献的精神。无论从哪个角度讲,社会责任都是我们必须要承担好的。企业的社会责任体现在很多方面,每个方面都必须不折不扣去承担好。很多时候,这种价值远远超越金钱意义。我们是要有点高度去理解这种价值。否则,我们有了钱为什么还要努力、还在努力呢?我们不断发展我们的企业,是在开创一份事业,而不能仅仅是为了赚钱。我个人已经把做好这份事业当成是一种追求,或者说一种生活方式了。

闭环的环保治理

主持人:一些人认为,造纸行业是高污染行业。我曾经听说,有老板想要在某地方投资造纸业,结果被当地政府婉言拒绝了,拒绝的理由很简单,就是造纸业好像是高污染行业,政府领导者的责任很大,环保责任谁承担得起呀。

朱在龙:持这种看法的人不少,主要是他们并不了解我们国家造纸业发展的现状,有很大的误解。很多人其实不了解造纸业的发展,包括不少政府官员也对造纸业有很多误解。很多人印象中的造纸厂,就是污水遍地、臭气熏天、垃圾成堆的高污染企业。其实,在我国,造纸业的发展一直受到环保政策和法律的严格限制。如果污染治理有问题,政府执法部门会马上发"红牌"给你。

我们景兴纸业很重视环保治理工作。我们一直重视、践行绿色可持续发展的环保理念。我们一直在努力探索、思考,如何在提高生产效率的同时,提升环境保护水平。我们认为,这是我们的重要责任。现在,您只要到我们公司走一走,看一看,就会明白造纸科技特别是造纸环保科技已经发生革命性变化。我们已经实现完全闭环的环保治理,整个造纸过程几乎零污染。无论从科技进步还是从环保治理的角度来看,造纸业已经不能简单地被认定为高污染、高耗能企业。

主持人:"碳达峰"和"碳中和"已经写入政府工作报告。景兴在这方面也做了大量工作,取得了很多成效,您能给我们举一些具体例子吗?

朱在龙:造纸所有可能产生污染的环节,我们都高标准做了处理,包括中水、沉渣、废气的处理,都采用了非常先进的技术,基本做到了零污染。

在企业发展的早期,我们的工程师团队就一直在努力通过改进和优化系统结构以及引进新设备,减少清水的使用量和废水排放量,同时节约能源消耗。经过长时间的努力,废水排放量已经大大下降。这是一个非常重要的变化,清水用量下降,污水处理量也就大大下降了。再如,在电能消耗方面,我们也取得了很多重要成果,我们的电能消耗量在行业内处于比较领先的水平。这方面的数据,您如果有兴趣,可以查阅我们的网站和企业报纸。

我们公司较早引进了废水处理高效厌氧反应器,强化废水处理能力,并通过双膜处理加强终端废水回用,减少总量排放。特别是,我们的厌氧沼气回收利用等环境升级改造项目实施后,整体水、气、固等环境治理水平,以及节能降耗水平又上了一个新台阶。

特别是我们的中水利用系统,将造纸过程的用水量降到最低,这些水经过复杂的过滤系统处理,最后可以达到直接饮用的程度;对造纸产生的沉淀废渣,我们已经有能力加工成有机土壤,类似于有机肥,很受市场欢迎,现在可以卖出很好的价格呢。

我们现在还非常重视提高可再生资源的循环利用,加大技术研发力度,开发环保型生活用纸系列产品,尽量减少木浆消耗,减少碳排放。

主持人:我们在调研中注意到,景兴重视绿色技术和工艺、绿色生产、绿色管理、绿色供应链,努力将绿色发展理念贯穿于产品全生命周期中。我在想,我们投巨资建设环保系统等,但并不直接产生经济效益。

朱在龙:环保投资确实都是巨额投资,有时候甚至可能对公司财务形成一定压力,但我清楚这是促进公司发展、承担好社会责任的一个重要方面,这方面我们必须有更多、更有效、更高水平的投入。

你们到我们厂这边来,也许偶尔会闻到一些味道,这些味道是无毒的,是在加工过程中,热气跟冷气交换的时候透出来的纸浆味道,对环境是没有污染的,就像我们煮饭的时候会有味道一样,根本不是什么有害的特殊气味。就像到卷烟厂会有一种烟草的味道,到酒厂会有酒酿的味道一样。

早在 2003 年,景兴纸业就开始着手全面研究白水系统的技改方案。经过反复讨论和实验,终于找到一种切实可行的方案。经过几个月的努力,公司完成了对白水系统的全面改造和升级。通过优化系统结构,减少了清水使用量,同时也提高了污水处理效率。废水排放量从原来的每天10 482吨降至每天7 211吨,每天减少排放量3 271吨,这意味着清水用量比以前下降了很多,污水处理量也随之大大下降,既节约了水资源,更有益于环保事业。

2006年,景兴纸业引入早期脱硫塔。当时这在国内属于首例。早期脱硫塔的技术来自一家荷兰公司,这家公司的生产加工设备在上海,但有些关键的核心部件仍从荷兰进口。2008年,景兴纸业花3 000多万元在10号纸机上进行节能改造,取得预期效果。2009年景兴纸业投资2 000多万元,建设4台500 kW沼气发电机组及配套设施,利用厌氧产生的沼气发电,年可发电1 091.4万kWh,同时减少温室气体排放。同时,景兴纸业结合ISO14001体系的推行,通过技术改造,节能降耗,在吨纸能耗、吨纸耗水方面达到国内先进水平。2011年9月,景兴纸业获得省级"高新技术企业"证书。2011年12月,景兴纸业被中国造纸协会评为"环境友好企业"。

景兴纸业在浙江全省行业中,率先引进造纸废水处理高效厌氧反应器,大大强化了废水处理能力,并通过双膜处理(UF＋RO)加强终端废水回用,减少总量排放;其中特别是中水回用技改项目等的实施,使公司的吨纸水资源消耗及污水排放指标均有了较大幅度的削减,吨纸污水排放从原来的6.5吨下降至3吨左右。朱在龙在很多场合表示,上市公司应成为环保治理的表率,理应承担更多的社会责任,不断推动行业环保治理水平的进步。此外,景兴纸业还与周边村民及社区群众多做公益互动,分享治污工作的实际效果,让社会公众了解现状、了解事实,实现社会与企业和谐共处。

主持人：我到景兴各个车间走了走，在车间看到的就是干净、洁净，从里到外的那种洁净。

朱在龙：以前的造纸业，尤其是刚刚开始的时候，确实是污染比较严重的。但是，我们一直很注重环保问题的解决，特别是最近二十年，我们投入大量资金去治理。目前，我们的环保科技水平在国际上应该也处于比较领先的水平了。

我去过国外一些造纸厂，包括一些发达国家的造纸厂。大部分纸厂一进车间我就发现各方面污染比较严重。最近，在参观一家外国纸厂的时候，我发现他们环保方面的问题太多了，我就想，这样的环保水平在我国肯定早就被责令关门了。而那个纸厂在当地还属于很好的一个厂。我本来以为他们会做得比我们好，结果发现整个工厂规划无序，安全生产措施不到位，污染处理也不到位。

主持人：我在官网上看到一则新闻，景兴纸业及其子公司景兴板纸双双入选2023年度浙江省节水型企业名单。

朱在龙：对，"节水型企业"称号是对企业在节约用水工作中取得成绩的肯定。

我们联合浙江大学，研究开发了将末端废水进行再处理后替代清水的使用技术，并于2014年和2016年分别建成日处理能力近1万吨的中水回用示范工程。2022年公司完成中水3期项目，目前，中水日处理能力达到近3万吨，吨纸废水排放逐年降低。

当然，我们也不能满足，要继续加大投入，加大环保科技研究开发力度，努力打造世界一流的环保水平。

在空气质量治理方面，公司采用先进的废气处理技术，最终废气排放浓度均低于《大气污染物综合排放标准》污染源二级排放标准限值;臭气排放浓度低于《恶臭污染物排放标准》污染源二级排放标准限值,超标去除率大于80％。同时,公司沼气资源综合利用项目作为清洁发展机制项目,顺利通过莱茵认证中心的审定,正式在联合国注册成功。该工程项目充分利用废水处理厌氧过程中所产生的沼气资源,变废为宝,为节能减排作出了巨大贡献。

2022年,景兴纸业在墙壁上安装光伏发电组件,实现"墙壁能发电"。除了生活用纸碎解站南侧墙壁挂着整齐的光伏发电组件外,公司还研究建设低碳绿色环保的分布式光伏发电项目,通过现场调研考察和技术交流,最终确定方案,将墙面作为建设点。该项目建设是公司在多元互补低碳能源建设创新中的一个亮点,目前可发电量达8.1万度/年。该项目的实施为公司开发利用低碳绿色环保能源打下了扎实的基础,为完成"双碳"目标作出了贡献。

景兴之家

2012年5月,景兴职工公寓落成,职工公寓包括双人间、单身公寓、两室一厅、三室一厅,所有房间按照标间设计,每个房间配有电视、空调、独立的卫生间和阳台①,在职工生活区还配有篮球场、网球场、乒乓球室、健身房、图书室等活动场所。

---

① 《让员工体面工作分享成果》,载《浙江工人日报》,2013年8月19日。

主持人：景兴建设了条件比较好的职工宿舍，就是公司旁边这个"景兴之家"吗？这房子造得很洋气，小区环境也很漂亮。

朱在龙：我们职工的待遇还是比较好的。我们努力提供较好的工资待遇，提供较好的员工福利。我们的员工宿舍是很有温度，也很有故事的。新进来的员工，如果是夫妻一同进来，我们会提供 50 平方米的小套房，可以直接住在我们公司里。

我们有不同面积的套房，根据规则做相应的分配。有 50 平方米的，80 平方米的，也有 100 平方米的。还有一些单身公寓。一个人来，就先入住单身公寓。你找到对象结婚，就给你 50 平方米，父母亲来了，我们就可能给 80 平方米的。很多职工从来到公司到现在结婚生子，都是住在我们公司的宿舍。

主持人：免费居住使用吗？

朱在龙：对，免费使用，当然水电费还是要自己支付的，否则会有很大的浪费，其他全部免费使用。等到你有条件了，可以去市区买房子。

主持人：对于企业内部员工，景兴有一套凝聚他们的方式，这是一项属于景兴的"凝聚力工程"，堪称典范。特别是房屋免费使用，这是个非常大的定心丸。

朱在龙：另外，员工的子女要上学，我们公司也尽量全部负责落实好。我们和相关部门约定，每年通过捐资助学等方式，大力支持平湖教育事业的健康发展，相关部门则在可能的情况下，尽量为我们景兴员工子女的教育提供最大力度的帮助。

主持人：这也是景兴凝聚人才、留住人才的一个方式。

朱在龙：我们做这些工作倒不一定带有很强的功利心，直接的出发点没有那么功利。我总感觉要让职工的生活过得好一点，这是我应该做的。这是我建设职工宿舍的初衷。

当然，客观上，这也为留住人才发挥了作用。人才队伍的稳定，对公司发展至关重要。老是有人跳槽出去的公司，科技创新等方面就无法持续推进。我们必须采取各种举措，维护人才队伍的稳定。

很多我们想要招聘的人才，在应聘时年纪也不轻了，子女要上小学的，要上初中、高中的，各种情况都有。如果我们不积极考虑他们子女的读书问题，确实也无法把他们吸引过来。特别是这些年，不少都是夫妻搭档一起来，有的是从西安来的，有的是其他地方来的，有不少来了平湖以后，他们的父母亲都一起来了，帮他们带小孩。我们都有相应的待遇。所以我知道，这些父母亲一看我们公司这样对待人才，就一定会跟子女说：你要好好在这里工作，安安心心的，不能再想东想西。

前几天我在公司里散步，遇到一对老夫妻，我问他们从哪里来的，他们告诉我是从陕西过来的。他们很高兴地告诉我，他们的儿子刚来公司工作三个月，他们常常跟儿子说，公司对你这么好，我们必须好好工作，平湖这个地方这么好，孩子的读书问题也解决好了，一定要知恩图报。

我们很明确，平湖市已经有的人才政策，我们一样不落下，公司福利该享受的，要让他们享受到。要让外地员工，当然也让本地员工，有实实在在的获得感。

每次看到他们的幸福笑容，特别是他们父母亲的笑容，我感觉我们多付出一些也是值得了。

新冠病毒感染疫情期间，朱在龙强调"不裁员、不减薪"，他说："尽管现在遇到不少困难，但我们努力不裁员、不减薪。……我们的销售部已经明显感受到了市场的持续低迷，原本以为这是短暂的情况，但现在看来这种挑战是长期和复杂的。所以，在座的全体党员干部和共青团员都要齐心协力，一起共渡难关。我们需要具备迎接挑战的底线思维，要有过苦日子的思想准备。从公司角度,我们大力节能减排、节能增效,强化管理、提高效率,减少浪费、扩大销售。我们的目标是保持企业运转,不停机、不放假、不裁员、不减薪。"①

主持人:我也听说,每当员工遇到困难和问题的时候,都有可能找您帮助。

朱在龙:我们景兴文化的核心,是以人为核心,以人为本,在这个基础上才谈得上责任感,才会对客户负责,对员工负责,对自己负责,对企业负责。百年企业以人为核心,首先体现在尊重人,不仅尊重客户,更要尊重、爱护自己的员工。

员工在生活上遇到问题,包括就医遇到困难等等,我会在能力范围之内,想办法帮助解决。很多都是举手之劳,不值得一提。员工为公司做贡献,我在自己能力范围内关心好员工,这是我的分内之事。

主持人:景兴发展带来的效益,除了职工的获得感、幸福感,还有就是对当地产业的带动,景兴对地方产业带动和发展的贡献是很大的。

朱在龙:对的。很多人是从我们景兴发展过程中找到发家致富途径的。我们在发展过程中提供平台、机会,带动了一部分人富起来。特别是,我们需要废纸,量非常大,很多人在这个过程中富起来了。在我们平湖,应该说我们曹桥这里的老百姓还是比较富裕的。

主持人:我们去了平湖景包,看到很多残疾人在一线忙碌。残疾人就业对家庭、社会来说,都是很重要的事情。

朱在龙:是的,我们平湖景包是平湖地区最大的福利企业之

---

① 朱在龙在景兴纸业年度群团工作总结表彰暨正风肃纪工作会议上的讲话,2022 年 6 月 29 日,录音稿。

一,有着150多名残疾人就业。

主持人:有一位叫陈良杰的残疾人,我见了他,印象很深。

朱在龙:他是我们景兴包装公司的一个优秀典型,也是我们景兴的名人。这次亚运会在嘉兴地区的火炬传递,他是我们平湖地区的八名火炬手之一。

我对他印象也很好,他不服输、求上进,在一定意义上诠释了什么是"景兴精神"。他是听障人士,大概在十年前进入我们景兴包装,虽然有交流障碍,但是工作态度非常积极,自己非常努力。这些年,他获得了很多荣誉,比如"全国技术能手"等。他是代表中国参加第十届国际残疾人职业技能竞赛"文本处理"项目的唯一选手,获得冠军。看到他在景兴成长、进步、发展,我也非常欣慰。他的进步、他获得的荣誉,也是我们景兴纸业的骄傲。

发展中的"1+1"互助基金

2001年9月,景兴纸业按照职工捐资及企业等额划拨的原则,成立了平湖地区首家"1+1"互助互济基金,采用"职工捐一点、企业拨一点"的资金筹集办法,建立对贫困职工的救助机制,为遇到生病住院、工伤、车祸和意外灾害的职工发放救助金。工会在党委的领导下,进一步完善"1+1"职工互助互济制度,每年对贫困职工家庭进行救助,让员工在困难中体会到党组织的关爱,享受公司集体大家庭的温暖,由此实现"贫有济,难有帮",从而构筑起扶贫帮困的有效保障机制。

主持人:景兴纸业有个职工互助基金,我查了资料,2001年就成立了这个基金,这在当时平湖是第一家,在全国民营企业中也应该是比较早的。

朱在龙：我们很早就成立了职工互助基金，一直延续到现在，成为我们景兴纸业承担社会责任的一个范例。我们的目的很简单，就是大家互帮互助，我们称之为"1＋1"互助基金。当初成立的直接原因是，尽管我们的收入水平、公司员工的工资待遇在我们当地是中上水平的，但是我们公司很大，职工很多，每年也总是有不少家庭由于各种原因发生各种困难，也有的可能会因病返贫，每年我们都要处理很多这样的个案。各种情况都有，也费了很多精力。

我们感觉帮助好员工是我们公司的责任。后来，我考虑由公司出面，成立一个基金会，推进这项工作的常规化、制度化。我们研究后出台了一个方案，希望员工也参与到整个过程中来，大家参与捐款，我们公司同比例配套，也就是员工出1元，我们公司也出1元，形成一个可持续、接力发展的"1＋1"互助基金。我们让广大员工也参与进来的目的，主要是更好地发动大家参与这项工作，培养全体员工的社会责任感，鼓励员工积极参与、热心关注公益事业。

主持人：屈指一算，这个机制已经有效运行了20多年，我们把它制度化了，坚持了下来，并取得了我们都为之自豪的实实在在的效果，值得点赞！

朱在龙：我们还有一个传统，每到年底，我们就要去走访困难员工，送上我们的温暖，雷打不动。我们每个部门都会去了解职工的生活情况，列出来本部门哪些家庭有什么具体困难，我们有针对性地去慰问，去鼓励他们，也送上一些钱物，比如3 000元、5 000元；还有，孩子要上大学，家里学费有困难的，也可以申请，经我们核实以后，也可以5 000元、10 000元地资助，我们相对灵活，认真研究具体情况，给予帮助。如果生大病，我们基金会会拿1万元、2万元给予帮助。有的时候，我们也以基金会的名义，发动员工专项捐款。比如,有员工得了重症,需要十几万元甚至更多钱去看病,我们基金会先根据规则拿 2 万块,同时,我们发动员工捐款,大家一起捐,力量就更大了。通过这些活动,我们营造了"景兴之家"的观念,景兴的慈善氛围也更浓了。

> 在平湖青田"千企结千村"专项行动中,景兴纸业积极与经济薄弱村结对,利用企业资金、信息和市场等优势,促进农民就业增收,提升村集体经济持续增收能力;面对新型冠状病毒感染疫情,公司通过平湖市红十字会捐赠 80 万元现金和价值 40 多万元的"品萱"保湿抑菌生活用纸等物资,充分彰显景兴纸业在稳健发展的同时回馈社会的责任担当。

捐资助学

主持人:我在景兴的资料中,看到公司大量参与公益捐赠,特别是捐资助学的事例。

朱在龙:我们在这方面做了不少努力。我们在安徽省萧县建了景兴希望小学。萧县是国家级贫困县,帮助他们建一所希望小学也是我的一个重要愿望。我们在嘉兴大学、浙江科技大学等学校,结对资助了大量家庭困难学生。这些学校有很多毕业生来我们公司发展,成为我们的人才。这是很好的双向推进。

过去,我们参与了一些乡村公路的建设。我们还和平湖教育局一起,成立了一个教育基金,对考上北京大学、清华大学等的优秀学生给予奖励,鼓励孩子们奋发向上。我那天在奖励仪式上对这些优秀学子说,希望你们学成之后,还是回到平湖来,回馈家乡,服务家乡。

在这方面,我们确实做了很多。我这里说一下,不是要表扬自己,或说要宣传自己——我从心里认为,这是我们应该做的。特别是,我们企业是从平湖这个地方发展起来的,肯定也要反哺当地的老百姓。反哺的方式很多,比如,我们公司70%—80%的职工都是当地的,保持他们的收入稳定,也是我们尽到社会责任的题中应有之义。

主持人:您敬天爱人或者示爱于人,再影响他人,已经成为我们景兴很多员工骨子里的东西。帮助他人、"反哺社会"成为景兴整个公司的理念或者说精神状态,是令人鼓舞的景兴人素养。我在一家民营企业身上看到了很多人看不到的更多更深层次的东西,我觉得这才是中国的未来。

朱在龙:在这方面,我们不会满足,还会继续努力。我觉得这代表了一种精神力量。我希望我们所有员工都有这样的精神状态。这种精神状态意味着一种进步的力量。这是我们景兴的未来,是我们的希望所在。

奋楫扬帆新征程

2013 年,中国政府提出建设"新丝绸之路经济带"和"21 世纪海上丝绸之路"的合作倡议。在"一带一路"倡议下,我国积极发展与沿线国家的经济合作伙伴关系,共同打造政治互信、经济融合、文化包容的利益共同体、命运共同体和责任共同体。"一带一路"已成为深受欢迎的国际公共产品和国际合作平台。景兴纸业也顺势而为,不断拓宽国际合作领域。作为景兴纸业全球化布局、上下游联动的重要一环,景兴纸业马来西亚项目对突破原材料瓶颈,提升战略竞争力具有重要意义。

朝阳产业

主持人：纸本身是人类文明的文本载体，至少是载体之一。文化传播、文明传播都离不开纸。您作为中国包装纸生产行业的杰出企业家，有没有从书写载体的角度来思考过"纸"的价值？

朱在龙：在原始社会、奴隶社会时期，我们在龟甲或兽骨上锲刻文字记事，后来我们用竹子、用木头。一直到汉朝，我们正式发明了纸。造纸术是中国四大发明之一。这个发明为世界文化的传播、人类社会的文明进步作出了巨大贡献。

如果透过历史来观察"纸"的作用，其实是一个很有意思的话题。我们讲得远一点，历朝历代发展，都是由文化进步推动时代进步。历史上，很多知识分子聚在一起，写文章、写诗歌，甚至"上书"，等等。要看到，是知识和文化在进步，促进了社会的进步。比如，从明朝到清朝等朝代更替过程中，我们不难看到一些先进知识分子发挥了推动作用。近代历史更是如此，从康有为、梁启超，到后来鲁迅、茅盾，等等，都是拿"笔"在战斗，实际上也是拿"纸"在战斗。我们很早翻译出版了《共产党宣言》，也是纸质出版物嘛。社会进步不是一群人成天喝酒喝出来的，光靠喝酒喝不出文明进步。

我曾经去湖南岳麓书院参观，很震撼，它是中国现存规模最大、保存最完好的书院建筑群。在书院的中心位置有一个"讲堂"，是书院教学、学生上课的重地，成为书院的核心部分。这个讲堂，历史上在传播一些先进的思想理念方面发挥了重要作用。① 想到这些知识分子，我就会联想到他们用的"纸"，联想到他们用纸写作、思考。我的理解未必全面，但这是很有意思的话题。

主持人：但是，我也听到一种声音，说中国造纸业经过这么多年的快速发展，就像房地产业一样已经饱和了，似乎已经不再是朝阳产业了。您赞同这样的观点吗？

朱在龙：我不赞同这个说法。改革开放以来，我国造纸行业应该说是一个一直在成长的行业，在我看来，它一直是朝阳产业——到今天依然是朝阳产业。当然，有个别专家可能会认为社会发展了，造纸行业已经是夕阳产业了，而且是高危的夕阳产业，好像快要被淘汰。这些专家一是可能不了解造纸业的发展，二是可能观察一个产业的历史长度还不够。

在我看来，对一个国家来说，造纸行业本身将永远是一个重要产业。

第一，我们现在利用高科技手段来改造传统产业，提高产品质量，治理污染，使传统造纸业在现代化道路上不断实现新的超越。一些人对造纸业的诟病，主要是基于传统造纸业对环境的污染，这也是事实——我国当代造纸业发展的较早期，因为环保科技还相对落后，污染确实比较严重。但是，现代造纸业对污染处理的标准非常高、技术非常发达，整个污染处理流程是闭环的，所有环节都高标准处理，已经基本上是零污染了。

第二，我们要看到，纸的社会功能也在不断发生变化，这个产业也因此将不断获得进步。造纸业发展，也要体现时代性，符合当今社会发展的需要。

---

① 史载，1167 年，朱熹来访岳麓书院，与张栻论学，举行了历史上有名的"朱张会讲"，前来听讲者络绎不绝，当时的人描绘了"一时舆马之众，饮池水立涸"的盛况，这次会讲甚至也推动了中国古代哲学的发展。

主持人：有不少人认为，我们有了电子存储技术，都在讨论无纸化，比如无纸化办公、无纸化写作，过去我们投稿，都是一沓写了字的纸寄出去，现在投稿、审稿都在网络上完成。现在人家写网络诗歌、写网络小说，都是无纸化进行的。这是不是意味着在当今社会，"纸"作为文字载体的功能在减弱？

朱在龙：我不这样认为。我认为，人类社会永远需要纸张来记载文明、传播文明，这个趋势不会有根本性的改变。

现在我们虽然有了电脑，有了电子存储技术，但是仍然离不开纸。比如我们的档案管理就是这样，我们要求有两套档案，一套是在电脑里，一套是纸质的。我们现在财务也是一样，一套是在电脑里，一套是纸质的，要打印出来。这是必要的。我们不可能离开纸。

我们现在有的人喜欢读电子书，但是电子书有它的缺点，你阅读时的愉悦感肯定不如纸质书，也容易造成人们视觉和心理上的疲劳，纸质书有电子书所不能取代的优点，我们都习惯在闲暇时手捧一本书，翻书的那种感觉是电子书所替代不了的。所以，我们还是需要纸来记载文明、传播文明。

无纸不天下

主持人：您刚刚讲到，纸的社会功能在发生变化。我理解您的意思，是不是说，纸已经越来越不是单一的传统意义上的纸，越来越不是简单的书写载体了。对吧？

朱在龙：是的。在今天，纸也用来作为包装，或者作为卫生清洁用品。在今天，可以认为造纸就是造福，造福人类美好生活。这是产品背后的社会价值。这也是我的工作意义所在。

工业文明的发展，很重要地就体现在产品包装上。现代工业产品做得越来越好,我们已经不可能像过去那样用麻袋去装,用草绳去捆扎。工业品对包装的要求在不断迭代,要求越来越高。

现在纸已经向各个领域广泛拓展。有些领域需求量越来越大。比如,生活用纸,最早我们只用到卫生卷筒纸,后来是面巾纸,现在还有很多卸妆纸、厨房用纸、擦地板的纸、医疗用纸,等等。

总而言之,随着社会进步和造纸技术不断发展,纸本身的功能也在发生很多革命性的变化,不断产生新的纸品,赋予纸新的用途。纸本身的功能边界被不断拓展,产生了大量创造性的产品。

主持人:"无纸不天下",其主旨要义应该也是指纸在人类文明发展历史,特别是在当今社会进步发展中无可替代的重要功能和作用。

朱在龙:是的。无纸不天下。现代社会,纸张虽然不再是信息传递和记录的唯一媒介,但纸在几乎所有领域仍然扮演着关键角色,纸张所具有的独特使用特性和文化价值依然无可替代。无纸不天下,意味着没有纸张所承载的知识、文化和历史,就无法构建起完整的工业和人类文明的天下,也意味着我们必须更加强调纸文化背后所蕴含的情感价值和文化传承力量。

2011 年 3 月,景兴纸业"品萱"品牌问世;2011 年 7 月,景兴纸业第一款环保生活用纸系列产品新鲜出炉,企业迈出由传统包装用纸向现代生活用纸转型的步伐。

主持人:我想,我们景兴纸业的"品萱"生活用纸,也正是在这种发展大趋势下应运而生,不断发展的。

朱在龙:我们的"品萱"生活用纸,基本涵盖了生活用纸的各个门类,包括婴儿面巾纸等。我们的产品也在与时俱进,不断满足人民对美好生活的期待,市场、用户的评价非常高。我们正在开发再生的生活用纸,我们相信这种产品会很有前途。现在的生活用纸都是全木浆的,我们努力朝更低碳的方向发展。

所以,虽然我们公司制造包装用纸和生活用纸,不制造书写用纸,但我造的也是纸,是适应时代需要,满足人民群众美好生活需要的纸。造好一张纸,是值得我们为之终身奋斗的光荣事业。

以纸代塑

主持人:您最近特别忙,约了好几次才约到您。今天是节假日(2023年国庆节),您也上班?

朱在龙:只要我不出差到外地,我基本上天天待在公司。只要听到机器声音,看着机器运转,我心里感觉特别踏实。即便是出差回来,我还是要到车间转一下,才睡得安稳。

我已经把做好事业当作一种生活方式。我几乎从来没有节假日,天天有人来商量、讨论工作。这个国庆假期,我们基本上没怎么休息,造纸机是无法停机的,工人、管理人员没有办法全部休息,我也一样。刚刚是生活用纸事业部的老总在向我汇报工作。公司总经理现在在马来西亚,这段时间我是董事长、总经理两个角色一起做。事情多了一半出来。我平时一般不管一些具体事务,这段时间有很多事情我也要操心。最近确实也是特别忙。

主持人:景兴一些具有创新功能的产品虽然在探索过程中,但我还是由此想到了我们景兴精神。与以前的探索一样,折射了您对造纸事业的深刻理解——总是努力赋予"纸"更多的社会意义。

朱在龙:我们尽到作为现代造纸人的责任,不断努力吧!

在研究梳理景兴纸业发展资料的过程中,我们查阅到了一个20年前的案例,令人印象深刻。1998年底,因天然木质制作的托盘附有"植物细菌",欧美国家对我国相关产品发布了禁令,给我国贸易出口带来了严重损失。为此,国家外经贸部联合其他五部委紧急发出通知,寻求开发非木质包装材料。朱在龙认为这是一个发展纸加工产品的重要契机。通过广泛的市场调研和反复的科学研究,最终确定研制和开发、生产纸蜂窝系列产品。该系列产品包括全纸型纸托盘、缓冲垫板和建筑用石膏、蜂窝隔板等,具有多项优点,如抗压力强、重量轻、隔音、隔热、不带生物源、免黑落、无污染、外形美观、卫生清洁等,用途十分广泛,主要可用于各类包装箱、建材、装饰材料、仓储运输托盘、广告板、道具和各类缓冲垫板等。纸蜂窝托盘因不带生物源、免熏蒸的优点为外贸企业产品出口提供了便利,完全替代了现行的木质托盘,解决了遭禁的出口困扰,是出口商品运输包装的理想选择。同时,该系列产品也符合现代环保要求,使用后可100%回收利用,并且与传统的本质托盘相比,每生产1 000平方米纸蜂窝托盘可为国家节约10立方米的木材。

主持人:现在"以纸代塑"的情况越来越普遍了,原来的很多塑料包装也在被纸质包装所代替,纸质包装越来越多。您认为"以纸代塑"是一种趋势吗?

朱在龙:是的,这是毫无疑问的。特别是,由于纸质材料环保、低碳、节能,纸质材料替代其他材料的可能性和必要性越来越大,比如替代塑料,替代木材,甚至替代金属。纸质包装现在已经无处不在,它的重要性越来越高,将来不可能有其他材质能完全替代纸质包装。恰恰相反,纸质材料开始大行其道。

现在已经有一些公司在研发纸质饮料罐,用来代替金属饮料罐。在我们公司或者其他公司,类似的同步研发都在深入推进中。包括一些小的物件,比如眼镜布、擦拭武器的布,等等,也在被纸代替。纸的用途越来越广了。

除了家居生活卫生用品,甚至室内的门,也可以用纸质材料制造,这已经属于建材范畴了。纸质的门,一是轻,二是隔音特别好,成本也非常低。用纸造的门,隔音、隔热,因为添加了一种化学阻燃剂,有防火功能。现在金属的门很贵。当然,除了这些功能,它的坚固度当然没有木质门高。但是,很多国家室内的门,都用纸质的门,里面是高强度的蜂窝板。我们给下游厂家提供原纸,提供原料,其他厂家已经在制造了。包括很多重型包装用纸,如电梯包装,以前都用木头,现在改用纸质包装。这种产品节约了多少木材呀!

还有一些高科技领域的应用,比如导弹上的耐高温用纸,汽车车顶饰品中也有很多属于纸制品。

主持人:这些介绍,让人耳目一新! 我是不是可以这样归纳景兴纸业在这方面的探索:第一句话,是"做现代化的造纸企业",传统造纸企业也必须是现代化的,不是一个落后的传统企业,而是用现代科学管理理念和技术去武装造纸业,或者说去改造传统的造纸业。第二句话,叫"谋跨领域的纸业新品",就是跨领域甚至跨行业开发产品,比如过去的包装用纸、后来的生活用纸,现在努力开发的各种新品,包括正在研究的地膜纸等,造的纸可以用来书写、用来生活、用来包装、用来生产。门也可以用纸来做的。第三句话,将来发展好了,可以"立行业高标准的产品",或者说,我们的造纸技术、管理水平,能够成为行业的标杆。

朱在龙:这是努力的方向,是我们百年景兴的一个前进方向。我们以后要更多在造纸标准方面发挥景兴的积极作用和贡献。当然,这是一个过程,也急不出来。当务之急还是"造好纸",继续提高产品质量,不断提高市场份额。

主持人:您讲的纸质饮料罐,应该是很新颖的产品。内层是塑料的、金属的,还是也是纸质的?

朱在龙:全部是纸质的。

主持人:这些纸质用品,包括您说到的纸质的门等等,如果降解的话,大概需要多少时间?

朱在龙:一般半年都可降解。而一般的塑料制品没有十年八年是降解不了的,塑料制品对环境的污染亟需扭转。

跨国发展战略

主持人:您一直强调景兴要有国际视野,一定要达到世界领先的水准,不断提升景兴的国际影响力。

朱在龙:我们景兴40年发展的一条重要经验是,不能做井底之蛙,自以为是,不思进取,这肯定是不行的;我们也不能只趴在井沿上,这也只能看到一小片天地,自然也是不求进取的。必须跳出小圈子,睁眼看世界,要看到世界经济发展的竞争格局,看到世界造纸业的最新技术水准,看到景兴自身的短板,看到自己身边同事的长处,看到自己的弱点,你才能够打心底里产生创新的动力。

即便到现在,景兴整体上仍然处于向现代化迈进的过程中。办企业必须要看世界,看世界造纸业正在做什么,特别是最先进的企业是怎么做的。

在这个基础上,我们才有底气在国际市场上展示自己,才有可能达到世界领先的水准,才能不断提升我们景兴的国际影响力。

主持人：景兴在一些方面已经达到国际先进水平，我们要在各方面都达到世界领先水平，实现这个目标还需要多长时间？您有没有一个预期的时间？

朱在龙：我觉得，应该还要十来年吧！我们是有这个信心的。

主持人：也就是在2035年左右？2035年，我们国家基本实现现代化。按照您的预测，那个时候，我们的造纸业技术水平也将达到一个全新的高度，这是很让人期待的"十年目标"。

朱在龙：我们定一个宏伟目标，朝这个目标努力。有目标总比没目标好。我说十年，其实心里还是希望更快一些，从现在我们的基础来说，我们有条件更快一点，有可能不到十年，我们就实现了目标。我们还有很多工作要做。我们马来西亚一期项目成功运行之后，在规划马来西亚的二期项目，甚至以后可能还有三期项目陆续推进。我们也会更好地拓宽韩国、日本市场，这方面我们也有些期待，有些框架性、方向性的研究和考虑。

景兴纸业高层先后赴马来西亚、柬埔寨、越南、中国台湾等地考察，经广泛调研、比选，最终决定在马来西亚投资建厂。

2019年1月，景兴纸业发布公告：公司为解决进口原料困境以及突破规模扩张屏障，拟在海外建立原料及原纸生产基地。公司管理层提出在马来西亚的西马东海岸雪兰莪州，投资建设80万吨废纸浆板及60万吨包装原纸生产基地项目。项目总投资约20.5亿元。2023年5月28日，景兴纸业马来西亚项目（一期）年产80万吨废纸浆板项目开机，顺利生产出首批浆板纸，意味着整个项目向前迈出坚实一步，为后期项目投产奠定了基础。

主持人：到马来西亚投资，您是把原料基地建在国外，我们讨论过这种风险吗？

朱在龙：景兴纸业"走出去"，是立足国家战略和自身发展的必然选择。马来西亚项目是公司未来重要的产业基地，有助于更好地保障供应链安全，加快推动产业转型升级。

这个决策是正确的，我们还在继续努力向前推进。马来西亚80万吨项目是海外投资，一期已经投产，我们投入了3亿美元。我们一共去了五十几个人。这个项目我们经过大量的调研和讨论分析。尽管有一定的风险，毕竟不是在国内投资，但是如果我们不走出去，压力风险会更大。企业既然要发展，我们肯定还是要担风险的，只要我们的风险在可控范围内。如果没有这几年疫情的影响，马来西亚项目对我们企业发展的积极影响，应该早就体现出来了。

主持人：您刚刚从马来西亚考察回来①，此行的主要目的是什么？马来西亚项目进展情况如何？

朱在龙：这次去主要是筹划推进建设马来西亚工厂的二期项目。

马来西亚项目进展得很好。现在一期已顺利投产，生产的原材料也已经运过来了，我们已经在使用这些纸浆。我们非常希望，在使用我们马来西亚工厂自己生产的纸浆以后，我们的生产成本也能降下来，纸品的品质、性能能提高一个档次。另外，我们的纸浆已经对外销售。我们希望使用这些纸浆的企业，会感受到我们的纸浆与其他纸浆相比，纸浆档次提高了很多，他们的产品质量也得到相应的提高。这些，我们都在慢慢拓展。

因为马来西亚一期项目的成功，马来西亚二期项目我们也要

---

① 2023年12月2日，中国进出口银行评审管理部副总经理陈在维一行莅临景兴控股（马）有限公司调研指导，朱在龙董事长等陪同。

着手开始。我这次去马来西亚,一是陪同中国进出口银行的领导考察景兴控股(马)项目,二是拜访马来西亚工业发展局,就二期项目建设报批等问题进行深入讨论。

> 据新浪财经 2024 年 5 月 22 日报道,景兴纸业在与投资者关系活动中介绍了公司在马来西亚项目的进展情况。马来西亚一期项目是在国家出台"禁废令"后,为保证公司优质原料供应而投资建设的。项目在 2023 年 10 月正式投产,目前整体运行稳定,产销平衡,生产的产品中 60% 至 70% 自用,余下部分进行外销。马来西亚基地的再生纤维浆,可以保证箱板纸生产原料的来源和质量,也可以生产一些毛利更高的产品。再生纤维浆的品质接近木浆,可以实现部分替代木浆。比如公司就开发了再生生活用纸,外销的客户中,也有用来做生活用纸、纸袋纸、建筑装饰新型材料等领域的应用,若这些领域的客户能顺利拓展,销量增加,也将为公司带来新的盈利增长点。二期项目已经完成所有国内国外的审批手续,目前在和供应商进行技术和商务谈判。

主持人:除了马来西亚项目,景兴的国际化战略,将来可能还会有其他的布局、考虑吗?

朱在龙:以后我们将继续深耕主业,努力构建海外新发展体系,打造景兴纸业新的发展格局。

前一段时间,我去韩国考察。这次考察我有很大的收获,使我们更清晰、更自信地看到,我们的造纸业经过四十来年的奋斗,已经在国际上具有相当的影响力、竞争力。一位韩国朋友告诉我,景兴纸业的"品萱"生活用纸质量很高。过去三年疫情,我们很多交流停滞了,这位朋友开玩笑说,你们再不来的话,本来属于你们的市场都要被其他国家抢走了。他们希望我们以后还要不断增加合作。听了这些,我是蛮欣慰的。

现在中国的造纸水平在世界上已经是比较好的,设备也好,工艺也好,很多地方我们是领先的,能耗指标也是全世界比较低的,现在很多指标都是国际在对标我们,这也是我们作为中国现代造纸人的自豪! 当然,这并不意味着我们不需要向其他国家学习了,在一些方面我们仍然有短板,仍然要向别的国家学习。

主持人:我们的生活用纸,已经开始出口韩国了吗?

朱在龙:我们的"品萱"生活用纸开始出口到韩国,第一批是2023年7月去的,第二批是9月去的,韩国客户都认为我们的纸质量很好,他们一下子下了5 000吨的订单。我们这两条生活用纸生产线,是全世界配置最高的生产线。

当然目前来看,还有个遗憾的地方,生活用纸的品牌要打出来,是很难的。有些老品牌已经占领了市场,这些品牌的纸实际上是我们造的。我们生活用纸很多是在给别的品牌做代工,品牌方可能赚了大钱,我们的利润空间相对受限。

主持人:品牌营造是一个过程。我用过景兴的"品萱"生活用纸,从用户体验角度讲无可挑剔,无纸屑、非常柔软。

朱在龙:是的。我们"品萱"生活用纸,科技含量高,不含可迁移荧光物质,质量上乘,产品绝对安全可靠,抗张指数、掉粉率、各种卫生指标等都是非常领先的。

"品萱"品牌以前进过上海的超市,后来退出了,因为进超市收的各种费用实在太多太高了,进场费、扫码费、堆垛费、导购费什么的,一个产品没有50%的毛利根本应付不过来。我们开通了网上销售途径,我们的品牌效应正在逐步形成。电商也是看重品牌认知度的。我们接下来会跟社会各界合作,比如跟政府机关、跟部队等合作,不断扩大"品萱"的社会知名度、市场美誉度。

我们也会不断拓展景兴纸业生活用纸的国际市场。

新征程：百年景兴愿景

主持人：您是具有长远战略思维的企业家。景兴正是在您这种战略思维和战略布局带领下发展到现在的。您一直提倡要打造"百年景兴"。尽管景兴纸业经过 40 年的大踏步发展，已经取得了卓越的成就，但您还是有很多新的要求和期待。对于景兴未来的发展方向，您现在有什么样的期待？

朱在龙：我们景兴的未来发展有自己的优势，我们已经积累了很好的发展基础。就如我们前面讨论过的，我们较早开展了各种现代管理体系建设。近年来，我们的信息化、工业互联网等先进技术和管理方式都有较大的进步，产品质量得到市场广泛的认可，包括我们拥有先进的环保技术设施和废水废料闭环处置能力。我们在用各种科技手段武装这一传统产业。

面向未来，我们可以在不同层次上，如规模、能级、能力、影响力等各个方面，对我们景兴的发展有新的期待。比如，如何发展成为更好的跨国公司，就是一个很值得期待的目标。我们现在已经有海外投资，有一定规模的海外市场，但如何在国际上影响力更大，做得更好，还需要我们努力。从规模上讲，我们希望能成为 500 万吨能级的纸浆、造纸企业。

当然，现在我们还是强调，我们景兴不简单追求规模，不做最大企业，但要努力做品牌强、管理强、品质强、科技强的最强企业，做无污染、低能耗的最强企业。大而不强，往往外强中干，稍有风吹草动，就可能倾覆；企业发展需要有一定规模，规模本身意味着一定的自身优势，但是不能唯规模。就如一艘船，规模大一些可以抗风浪，但是如果船身不强，也是没有用的。

我们要求的是做精、做强，在这个基础上才能有更好的发展。

只有做到了国内一流,才能最后谈得上成为国际一流的公司。

我们还有不少路要走。

> 浙江景兴纸业股份有限公司荣获 2022 年度第二批"浙江省智能工厂(数字化车间)"荣誉称号,景兴纸业生态工业互联网平台项目被评为 2024 年度省级重点工业互联网平台项目。未来,景兴纸业将数字化生产融入绿色制造基因,在瞄准产业智能化、数字化,打破行业痛点、难点、堵点,打造智能工厂的同时致力于打造绿色工厂。

主持人:我们注意到,景兴获得了浙江省"智能工厂"荣誉称号。对于一个传统的造纸企业来说,这是我们向着未来发展、向着"百年景兴"前进的标志性成果。

朱在龙:是的。现代造纸技术发展很快,不仅体现在造纸技术本身或污染物的治理技术方面,还体现在造纸业与现代数字技术越来越紧密的结合上。我们景兴纸业的数字化平台、智能化建设在不断推进。① 这方面我们已经投入大量资金,我们将会有更多资金投入。

这些年,我们与高校紧密合作,打造数字化运营的云平台。我们的数据管理能力和水平已经得到权威机构的认可。两三年以后,我们公司的整个自动化水平、数字化场景应用会更加丰富和完善。随着现代化水平的提高,我们整个公司的生产成本、产

---

① 据"景兴纸业微信公众号"发布:2024 年 1 月,景兴纸业生态工业互联网平台项目被评为 2024 年度省级重点工业互联网平台项目。景兴纸业生态工业互联网平台将建立一个造纸行业互联互通的生态系统,促进各个环节之间的协作和优化,通过先进管理、技术工艺与信息技术、智能技术等先进技术的有机融合,进一步实现造纸行业的数字化、智能化、高效化管理,促进全产业链的协同发展,提升平台功能及资源调用效率,帮助接入企业实现智能化生产和管理,创新生产方式和商业模式。

品品质等会越来越有保证。当然,这可能也造成一个趋势,就是一线的工人会越来越少,就是大家所说的,会慢慢做成"黑灯工厂",车间里可能灯都不用开,直接电脑、机器人操作就可以了。现代科技下我们传统造纸业也在经历迭代。

我们不断提升信息化协同管理水平,实现数字化管理,努力为整个行业产业数字化朝着更高更好的方向发展提供"景兴智慧",也为我们平湖市推进智造创新建设,全面加快制造业"两化"改造、"智造"跨越贡献力量。

> 一个公司也好,一个部门也好,一个人也好,目标设定必须具有科学性、挑战性和实际可行性。人的潜力是巨大的,通常只有在被逼到极限时才会完全发挥出来。如果不将自己置于挑战之中,就无法充分认识到自己的能力。我们不能安于现状,要敢于挑战现状、挑战自己。敢于"折腾"是锻炼能力和实现成功的必经之路。这样不仅能不断提升和实现自我价值,还能丰富个人的经验,从公司层面上讲,则可能实现关键的突破。①

主持人:我感觉,面向未来您有战略意志和决心,但一如以往,您仍然充满危机意识。

朱在龙:对,因为我们造纸行业是一个传统产业,一直面临发展的"危"与"机",所以我一直在看,也一直在想,怎么样可以把这个传统产业做得更好。在这样的反复考虑之后,就会很自然地不断推进革新。

要知道,现在大家都在朝前走,技术发展日新月异,稍有懈怠就会大大落伍。随着我们整个社会创新能力的持续提升,随着各

---

① 朱在龙在景兴纸业传达学习贯彻党的二十大精神暨正风肃纪专题会议上的讲话,2022年11月12日,录音稿。

种智能化设备的广泛应用,随着社会需求的不断升级,纸的功能不断拓展,纸的品质也必将不断提高。无论从纸的品质,还是纸的种类等方面来说,我们离世界最先进的水平还是有较大差距的。这个方面,我们不能盲目乐观。

主持人:感谢您多次抽出宝贵时间与我们分享您的所思所想。我们从中读到了当代企业家勇于拼搏、锐意进取的精神,读懂了您作为现代造纸人深深的历史责任和使命感。从这些分享和交流中,我们也看到了景兴未来发展的美好蓝图,看到了国家现代化发展的美好未来。

朱在龙:也非常感谢您和您的团队。我想说,"蔡伦造纸"是人类历史上无可争议的伟大发明,是蔡伦用造纸技术的创新造福人类千秋万代。蔡伦在东汉时期造纸,我是在 21 世纪造纸,我就是蔡伦的后代。但我们不能吃"蔡伦造纸"的老本。我们不是在重复我们古老的造纸技术。现代造纸业,尤其我们中国的现代造纸业,没有任何理由躺在"蔡伦造纸"的功劳簿上,还是要与时俱进,开拓创新。按照毛主席的说法,我们也是"万里长征走完了第一步",我们不能骄傲,还需要继续努力①。

我和景兴员工作为现代造纸人,要有国际视野和危机意识,看到景兴纸业在产品品质、用途、环保、能耗等各个方面与世界先进水平相比都还有一定的差距,保持一份警醒。景兴人理所应当学习蔡伦精神,努力在创新中发展、在发展中创新,"同舟共济求生存,持续创新谋发展",一起为"百年景兴"愿景和国家全面现代化建设宏伟目标贡献自己的智慧和力量。

---

① 毛泽东同志在党的七届二中全会上指出:"夺取全国胜利,这只是万里长征走完了第一步。如果这一步也值得骄傲,那是比较渺小的,更值得骄傲的还在后头。中国的革命是伟大的,但革命以后的路程更长,工作更伟大,更艰苦。这一点现在就必须向全党讲明白,务必使同志们继续地保持谦虚、谨慎、不骄不躁的作风,务必使同志们继续地保持艰苦奋斗的作风。"

后　记

　　本丛书的第一本访谈录即将付梓，我如释重负，但也忐忑不安。

　　感谢景兴纸业朱在龙董事长和他的团队，给了我最大的信任、宽容和支持，这是我的幸运。

　　感谢上海政法学院汤啸天教授、上海市委党校赵文聘教授，他们长期以来一直默默地帮助支持着我的工作，特别是对我这一项目的立意、研究思路等提出了很好的建议，并多次参与访谈，为本书的形成贡献了真知灼见。感谢我的同事万里鹏副教授、张建国副教授，以及高雪、尹佳男、万志彬、冯思贤、程前、韩前广等同志，他们都为这一项目的推进付出了很多努力。

　　平湖原市委书记孙贤龙、平湖市原市长马邦伟、中信银行嘉兴分行原行长朱进等，在百忙中接受了我的访谈，提供了大量有价值的研究信息。

　　在本书形成过程中，中国行政管理学会原副会长李琪教授、上海市静安区原政协主席韩强仔细阅读了初稿，给予了充分肯定，并提出了很多中肯、重要的指导意见，鞭策我勤勉尽力使本书不断臻于完善。上海社会科学院城市人文遗产研究创新团队首席专家、上海市史志学会副会长马学强研究员在读完书稿后说，"朱在龙非常典型，应该为这样的优秀企业家存史立传"。

　　感谢上海市经济学会会长、上海全球城市研究院院长周振华教授，他在通读书稿后欣然为本丛书作序，鼓励我继续努力推进这一有意义的项目。

　　感谢上海远东出版社的编辑团队，他们为本书的高质量出版作出了大量细致入微、扎实的努力。

　　由于时间和能力有限，领导、师友们的一些建议尚未能在书中得到充分呈现，是为憾，但这何尝不是催我继续努力的动力所在。

　　期待本书的出版能为挖掘和宣传好当代企业家精神，激发社会奋发有为的精神状态作出应有的贡献。

2024 年 10 月 3 日